위험한 호랑이 책

그 불편한 진실

위험한 호랑이 책

그 불편한 진실

이상권 지음

특별한서재

지후, 시환 그리고 지민에게

너희들이 어른이 되었을 때는
이 땅에서 살아가는 모든 야생동물의 생존권이
헌법에 보장되기를 바라며,
이 책을 너희들에게 보낸다.

작가의 말

　우연히 마을 아이들에게 어린 시절 읽었던 『백두산 호랑이 왕대』에 대한 이야기를 하게 되었지. 러시아의 작가 니콜라이 바이코프가 쓴 소설 『위대한 왕』을 만화가 이향원 선생님이 재해석하여 그린 그 만화는 어린 내 가슴을 울렸었거든.

　당시 나는 호랑이의 존재를 믿고 있었고, 산에서 호랑이를 만났을 때는 어떻게 대처해야 한다는 어른들의 말을 숱하게 들은 상태였어. 또한 호랑이는 영물이라 하늘을 날기도 하고, 외발로 뛰어다니기도 하고, 사람을 만나면 다른 동물로 둔갑해 눈에 보이지 않는다는 말도 들었어.

　그런 호랑이가 인간 사냥꾼에게 죽어가는 이야기를 보면서 혼자 이불 속에서 얼마나 울었는지 몰라. 인간의 욕심 때문에 죽어가는 위대한 동물의 최후가 참으로 가슴 아팠어.

　그러다가 어른이 되었을 때, 목포 유달초등학교에 유일하게 남아 있는 조선 호랑이 표본이 우리 고향 마을 뒷산을 호령하던 산군이라는 사실을 알게 되었지. 그 호랑이는 일제강점기 때 영광 불갑산에서 잡혔거든. 우리 마을 뒷산은 불갑산과 이어지는 줄기라서 먼 옛날에는 수많은 호랑이가 살았던 곳이야. 호랑이의 역사가 살아 숨 쉬는 곳이라고나 할까.

『백두산 호랑이 왕대』를 읽고
아기 호랑이로 다시 태어난 왕대, 최시환 (14세)
앞발을 크게 벌린 채 누군가를 너그럽게 안으려고 하는 왕대의 모습에 호랑이와 인간이 공존하기를 바라는 간절한 마음이 깃들어 있다.

나는 작가가 되고 난 뒤에 당연히 호랑이에 대한 이야기를 쓰려고 했어. 그것이 나의 숙명이라고 생각했거든. 실제로 1990년부터 숱한 호랑이 이야기를 소설로 썼는데, 너무 욕심을 부리는 바람에 작품이 제대로 풀리지가 않았지. 주로 일제강점기 때 일본인들의 앞잡이 노릇을 한 조선인 사냥꾼들에게 죽어간 호랑이 이야기였는데, 민족의식이 너무 강하다 보니 그것이 제대로 풀리지 않았던 거야.

동화를 본격적으로 쓰기 시작한 후에는 호랑이 때문에 더욱 힘들었지. 우리나라 옛이야기에 호랑이가 빠진다면 아무런 재미도 없을 거야. 우리나라의 건국 신화인 단군 신화에도 호랑이가 등장하잖아? 그 밖에도 숱한 신화에 호랑이가 단골로 등장하지. 문학 작품을 비롯해 음악과 미술에도 호랑이는 빠지지 않았어.

동화 속에도 헤아릴 수 없을 정도로 많은 호랑이가 등장하지. 그런데 호랑이의 역사를 정확하게 알려주는 책은 없었어. 그러니 호랑이가 등장하는 동화를 쓰는 작가들조차 호랑이에 대해서 제대로 알지 못했어. 나는 그게 늘 아쉬웠지.

사실 호랑이의 역사는 우리 조상의 역사이기도 해. 호랑이는 숱한 신이 되어서 힘들게 살아가는 우리 조상들을 위로해주었거든. 또한 산신령 같은 절대적인 힘을 가진 신으로 등장해서 함부로 다른 동물을 죽이거나 자연을 파괴하지 못하게 했어. 그러니 호랑이는 단순한 동물이 아니었다는 사실을 명심해야 해.

여기서는 조선시대 이후의 호랑이 이야기를 할 거야. 슬픈 호랑이의 역사라고 할 수 있지. 우리 조상들이 어떻게 호랑이를 탄압하고 멸종의 길로 몰고 갔는지 냉정하게 밝히려고 해. 호랑이는 우리나라 사람들이 가장 좋아하는 동물이지만, 호랑이를 멸종시킨 것도 우리나라 사람들이거든.

어떤 사람들은 일본이 조선 호랑이를 멸종시켰다고 하는데, 그것은 냉정하게 생각해볼 문제야. 조선 호랑이가 멸종된 시기가 일제강점기니까 그 말이 완전히 틀린 것은 아니지만, 그렇다고 완전히 맞는 것도 아니야. 조선 호랑이는 일제강점기 이전에도 거의 멸종 상태였고, 아주 극소수만 살아남아서 명맥을 유지하고 있었거든. 그것을 일본 사람들이 조선인 포수들을 앞세워서 멸종시킨 거야. 그러니 조선 호랑이의 멸망사에서 우리 조상들의 책임이 크다고 할 수밖에 없어. 이 책에서는 그런 내용을 솔직하게 다룰 거야.

그 불편한 진실을 이제는 밝혀야 해. 우리는 그동안 불편한 진실을 감추려고만 했는데, 그래서는 안 된다고 생각해.

당연히 이 글을 쓰는 내내 마음이 아프고 불편했지만, 그럴수록 호랑이의 입장에서 글을 쓰려고 했어. 최대한 객관적인 사료를 바탕으로 썼지만 그 한계가 있다 보니 상상력도 많이 동원했고, 과학자의 말보다는 나이 드신 어른들의 말을 많이 참고하기도 했어. 그러다 보니 아쉬운 점도 있을 거야. 그런 아쉬운 점들은 너희들이 고쳐 나갔으면 해.

어느 날, 마을 아이들이 호랑이에 대한 공부를 하고, 호랑이에 대해서 알고 싶다고 찾아왔을 때 얼마나 기뻤는지 몰라. 그들도 호랑이를 좋아하지만, 정작 호랑이에 대해서 너무 모른다는 사실을 그제야 깨달은 거야. 그때부터 아이들은 만화『백두산 호랑이 왕대』와 소설『위대한 왕』을 읽었고, 숱한 전시와 영화를 보며 호랑이에 대해서 알아갔지.

마을 아이들과 그들 가족은 호랑이에 대한 여러 가지 책을 읽고 모여 토론을 하기도 했어. 초등학생들, 청소년들, 어른들이 모여서 인간과 호랑이에 대한 이야기를 하고, 더 나아가서는 인간과 다른 생명체들의 삶에 대한 이야기를 한 거야. 그뿐이 아니야. 일부 아이들은 호랑이에 대한 그림을 그리기도 했어. 이 책에도 그 아이들이 그린 그림이 일부 실렸어.

나는 그런 모습을 보면서 이 글을 쓰기 시작했는데, 내 글이 호랑이를 이해하는 데 작은 씨앗이 되기를 바랄 뿐이야. 이제부터라도 모든 야생동물이 우리와 함께 살아가는 존재라는 사실을 인정하고 존중해주기를 바라는 마음도 간절해.

우리는 호랑이에 대해서 너무 몰라. 나는 우리 교과서에서도 호랑이의 역사를 가르쳐야 한다고 생각해. 꼭 그렇게 되었으면 좋겠어. 그런 바람으로 이 책을 세상에 내보내는 거야.

요즘 코로나 바이러스 때문에 우리의 삶이 많이 힘들어졌어. 이 책을 보면서 그런 우리의 현실을 다시금 돌아보았으면 좋겠어. 지구라는 별은 인간만 잘 살기 위해서 생겨난 곳이 아니거든. 인간뿐만 아니라 다른 모든 생명체들이 같이 살아갈 수 있도록 만들어진 별이야. 호랑이의 역사를 보면서 그런 생각을 할 수 있었으면 좋겠어.

날마다 잔치 같았던 아름다운 봄날이 더욱 푸르러가는 어느 날, 이런 아름다운 세상을 볼 수 있다는 것이 얼마나 고마운 일인지 새삼 느끼면서, 이상권이 쓰다.

호랑이의 눈물, 이지민 (15세)

이 땅에서 인간보다 훨씬 오래 살아온 호랑이가 눈물을 흘리고 있다. 호랑이가 절대 강자였던 시절에는 지금처럼 생태계가 파괴되지 않았다. 그들은 다른 생명체의 존재를 인정해주면서 같이 살고자 했다. 심지어 죽어서는 신이 되어 인간들을 보살펴주었다.

위험한 호랑이 책, 그 첫 번째 이야기

호랑이 땅에다 수도를 세운 조선

갑자기 악마가 되어버린
호랑이들

호랑이는 세상에서 가장 자유로운 영혼이다. 인간들처럼 나라를 만들지 않고, 도시를 만들지도 않는다. 심지어 가족이 모여서 살지도 않는다. 수컷은 암컷을 만나 연애할 때만 같이 생활하고, 아내가 임신하면 또 다른 사랑을 찾아 떠난다.

호랑이는 인간들처럼 부를 축적하지도 않는다. 그래서 그들은 인간들과 비교할 수 없을 정도로 행복지수가 높았다.

호랑이는 고려시대까지 그렇게 살았다. 밝은 시간에는 인간들이 중심이 되었고, 어두운 시간에는 호랑이가 중심이 되었다. 둘 다 생태계의 꼭대기에 있다 보니 충돌할 때도 있었지만, 그들은 서로의 존재를 인정하고 일정하게 거리를 두면서 살아가는 법을 알았다.

호랑이는 인간들의 시간인 낮에는 움직이지 않았고, 특별한 경우가 아니라면 인간이 사는 마을에 가지 않았다. 인간들도 해가 뗠

고려인들의 사냥하는 모습, 전 이제현, 국립중앙박물관
고려인도 호랑이와 갈등했지만 조선인들처럼 전쟁을 하듯이 호랑이 사냥에 나서지는 않았다.

어지면 집 밖에 나가지 않아 호랑이와 마주칠 일을 만들지 않았다. 그 덕에 수만 마리로 추측되는 호랑이가 살았어도 큰 갈등 없이 살아갈 수 있었다. 깊은 숲에서 잠을 잔 호랑이는 인간이 잠든 어둠의 시간만으로도 만족스러운 삶을 누렸기 때문이다.

또한 고려의 종교였던 불교는 살아 있는 생명을 함부로 죽이지 못하게 했다. 불교가 인간과 호랑이의 갈등을 어느 정도 중재해준 것이다. 물론 그 시절에도 호랑이를 사냥하는 사람들이 있었으나 극소수였다.

조선의 등장은 '호랑이의 시대'가 가고 '인간의 시대'가 왔음을 의

미한다. 조선 왕조는 불교를 멀리하고 유교를 국가 이념으로 받아들였다. 유교는 세상의 중심을 인간이라고 생각했으니, 이 시점부터 모든 것이 인간 중심으로 바뀌게 된다. 종교가 호랑이와 인간의 갈등을 중재하던 시대는 그렇게 끝났다.

조선은 고려에 비해서 영토가 커졌다. 게다가 발해 유민들을 비롯해 만주에서 살던 여러 집단이 새로 건국한 조선으로 대거 이동했다. 조선 초기에는 550만 명 정도였던 인구가 16세기에는 1,000만 명을 넘어설 정도였다.

조선 정부는 이 나라 백성이 된 그들에게 먹고살 터전을 마련해줘야 했다. 그래서 농사짓지 않는 땅을 개간할 것을 적극적으로 권장하고, 개간을 하면 그 땅의 소유권을 인정해주었다.

호도, 전 유숙, 국립중앙박물관
옛 그림을 보면 물가 갈대숲에서 살아가는 호랑이 생태를 잘 표현하고 있다. 호랑이는 생후 1년까지를 새끼 호랑이, 1년에서 3년까지는 젊은 호랑이, 3년이 넘으면 성숙한 호랑이로 부른다.

그때까지만 해도 논과 밭은 강에서 떨어져 있었다. 옛 사람들이 말하기를 "불 난 끝은 있어도 물 난 끝은 없다"고 한 것처럼, 잦은 홍수 때문에 강가를 피할 수밖에 없었다.

또, 조선은 산이 많은 나라다. 그 산에서 생겨난 물은 헤아릴 수 없이 많은 계곡을 이루고, 그렇게 아래로 흐르고 흘러 크고 작은 강이 된다. 그런 물길 근처는 갈대나 냇버들이 우거진 숲을 이뤄 인간의 발길을 막아주었다.

한반도 전역에 핏줄처럼 퍼져 있는 물길은 야생동물의 길이었다. 깊은 산은 동물들에게 은신처를 마련해주었고, 강이나 바닷가는 다양한 먹이를 제공해주었다.

유달리 활동적인 호랑이들은 마음만 먹으면 언제든 강과 바다에 갈 수 있는 조선의 땅이 살기에 아주 적합했다. 그래서 만주나 시베리아 같은 곳에 살던 호랑이들도 조선으로 밀려들었다.

조선시대 사람들은 "호랑이를 잡으려면 산으로 가야지" 하고 말했지만, 고려시대 사람들은 그러지 않았다. 그때는 호랑이가 산뿐만 아니라 들에도 많았기 때문이다. 그러니까 호랑이가 산에서 산다는 생각을 하게 된 것은 조선시대에 생겨난 것이다.

개간할 땅이 없는 조선 사람들은 물가에 있는 숲을 적극적으로 파헤치기 시작했다. 홍수가 걱정되기는 했지만, 보를 만들거나 둑을 높이 쌓자 어느 정도 해결이 되었다. 문제는 호랑이였다. 그곳은 태초부터 호랑이의 땅이었기 때문이다.

인간은 무조건 땅에 불부터 놓았다. 호랑이한테 선전 포고를 하

호렵도, 국립중앙박물관

호랑이는 산마루 길이나 계곡 길을 이용한다. 물이 흐르는 계곡은 먹이가 풍부하고 강이나
바다로 이어진다. 호랑이는 그런 생태적인 흐름을 잘 알고 있다. 호랑이의 특성을 잘 아는
사냥꾼들은 먼저 화살로 제압하고 삼지창이나 칼을 들고 최후의 일격을 가한다.

는 셈이었다.

"이제부터 이 땅은 우리가 접수할 테니, 죽기 싫으면 다른 곳으로 물러나라!"

갑작스러운 불 공격을 받은 호랑이들은 속수무책으로 당했다. 연기에 질식해 목숨을 잃었고, 불길이 털에 달라붙어 목숨을 잃었다.

호랑이들은 놀라서 달아난 뒤에야 정신을 가다듬고는, 어떻게 해서든 살기 좋았던 자신들의 땅을 되찾으려고 했다. 그러다 보니 개간지에서 호랑이와 인간이 자주 충돌했다. 충돌로 인간이 다치면 '호환虎患'이라고 하며 모두 호랑이 탓으로 돌렸다.

'호환'은 조선시대에 가장 많이 쓰인 말인데, '호랑이한테 당하는 피해'라는 뜻이다. 그러니 호랑이 입장에서 보면 얼마나 억울하겠는가.

"당신들 입장 바꿔놓고 생각해보시오. 평화롭게 살고 있었는데, 갑자기 누군가가 나타나서 당신 집에 불 질러 쫓아냈다고 생각해보시오. 당신들이라면 어떻게 하겠소?"

조선은 법전인 『경국대전』에 호랑이를 '아무나 잡아도 되는 것'이라고 명시했고, 호랑이를 잡은 이에게는 왕이 직접 큰 상을 주면서 격려했다. 어느새 호랑이는 인간들에게 '악의 축'이 되어버린 것이다.

호랑이와 전쟁하기 위해서 만들어진 특수 부대

15세기 초에는 농지가 약 80만 결이었으나 16세기에는 150만 결에서 179만 결로 늘어났다. 그러니 얼마나 많은 호랑이들이 조상 대대로 살아온 땅에서 쫓겨난 건지 알 수 있다.

인간은 땅을 뺏으려고 했고, 호랑이는 빼앗기지 않으려고 했다. 모든 전쟁이 그러하다. 서로의 땅을 뺏는 싸움이다. 다만 인간 대 인간이 아니라 인간 대 호랑이라는 희귀한 싸움이었을 뿐이다.

호랑이는 개별적으로 전투에 임했고, 인간들은 조직적으로 대응하면서 개와 말을 동맹군으로 끌어들여 연합했다. 또 인간들은 활이나 창, 덫 같은 온갖 무기로 무장했지만, 호랑이에게는 그 어떤 무기도 없었다. 태초부터 사용했던 강력한 이와 발톱만을 가지고 전투에 임했다.

조선은 전 국민에게 호랑이 사냥을 독려했다. 함정이나 올가미를 이용하는 것이 사냥술로 장려되었고 농기구, 죽창, 화살 같은 무

활쏘기, 김홍도, 국립중앙박물관

조선인들은 농사일이 바쁘지 않을 때면 몰이꾼으로 동원되어 나가면서 무예 강습을 받고 호랑이 사냥 기술을 익혔다. 그들은 '일하면서 호랑이와 싸우는 예비군'이었다.

기가 사용되었다. 그리고 보다 더 강력한 대응을 위해 1416년에 착호군(착호갑사)을 임시 조직으로 편성했다. '착호군'은 '호랑이를 잡는 군대'라는 뜻이다. 이후 정식 부대가 된 착호군은 1421년 40명으로 시작하여 1425년 80명, 1428년 90명, 세조 때는 200명, 성종 때는 440명으로 늘어났다.

조선 정부는 한양에 착호군을 배치하고, 지방 각 군현에는 '착호인'을 한 명씩 두었다. 이렇게 전국에 배치된 착호인이 1만 명 가까이 되었다.

착호인은 요즘의 예비군 중대장 같은 역할을 했다. 평소에는 자기 지역에 사는 호랑이의 동태를 살피는 일을 하다가, 호랑이가 나타나 착호군이 오면 예비군인 농부들을 몰이꾼으로 동원하고 호랑이와의 전투에 앞장섰다.

또 착호인은 호랑이 발자국을 전문적으로 추적하는 '심종장'을 따로 두기도 했다. 심종장은 호랑이 발자국만 보고도 그놈이 몇 살이나 먹었는지, 암컷인지 수컷인지, 심지어 암컷이라면 새끼를 밴 것인지도 알아냈다.

호랑이도 눈이나 비가 내리면 자신의 흔적이 남는다는 것을 알았고, 그것을 남기지 않으려 애를 썼다. 노련한 호랑이들은 앞발을 내디딘 지점에 뒷발을 모아 착지하면서 하나의 발자국인 것처럼 만들었다. 그래서 옛날 사람들은 "나이 든 호랑이는 외발로 뛴다!"라고 말하기도 했다. 내가 어렸을 때만 해도 어른들에게 그런 말을 자주 들었기 때문에 산에 갈 때마다 외발로 뛴 호랑이 발자국을 찾으려고 눈에 불을 켰다.

또한 암컷은 새끼를 낳을 때 흔적을 남기지 않기 위해서 반드시 바위가 많은 곳을 보금자리로 선택했다. 수많은 바위를 건너뛰면서 발자국을 남기지 않는 것이다.

심종장은 발자국뿐만 아니라 호랑이가 나무에 남겨둔 특유의 영역 표시, 그들의 배설물 등을 통해서 이동 경로를 알아냈다. 심지어 나뭇가지에 미세하게 붙어 있는 호랑이 털도 찾아내고, 호랑이 특유의 강한 누린내도 맡는 예민한 후각까지 가지고 있었다.

호랑이를 잡았을 경우, 누가 첫 번째 화살을 맞혔는지 구분해서 포상금을 지급했다. 사냥한 호랑이가 크면 클수록 포상금도 올라갔다. 당시 40냥이면 좋은 초가집 한 채를 구입할 수 있었는데, 가장 큰 수컷 호랑이 포상금은 40냥, 중간 크기는 20냥, 심지어 새끼 호랑이도 잡으면 10냥을 주었다. 이 때문에 사람들은 새끼든 어미든 닥치는 대로 사살했다.

물론 이것은 국가에서 주는 포상금이고, 잡은 호랑이를 개인적으로 팔면 더 많은 값을 받을 수도 있었다. 그러니 산포수들은 관에서 동원령이 내려오면 어쩔 수 없이 사냥을 돕기는 했어도 적극적으로 나서지는 않았다. 열심히 호랑이를 잡아봤자 그 공은 착호군이나 관료들에게 돌아갔기 때문이다.

북방인의 사냥, 심사정, 국립중앙박물관
호랑이 사냥을 할 때는 그 지역을 잘 아는 심종장이나 착호인을 길라잡이로 앞세웠다. 말을
탄 사냥꾼들 앞에 가는 사람이 길라잡이로 보인다.

착호군끼리도 잡은 호랑이를 두고 "저것은 내가 잡은 것이다!", "아닙니다. 내가 쏜 화살에 맞아 쓰러졌습니다!" 하며 서로 공을 다투는 일이 많았다. 실제로 정조 때에 그런 일이 있었는데, 왕은 군사들의 사기 진작을 위해 그 둘 모두에게 상을 주어 상황을 마무리했다.

산포수들은 개별적으로 사냥하는 것을 좋아했다. 혼자 움직이는 경우도 있었고, 여럿이 움직여도 많아봤자 대여섯 명이었다. 인원이 적을수록 위험성은 높아질 테지만, 호랑이를 잡게 되면 그만큼 많은 돈을 챙길 수가 있었다.

가장 일반적인 사냥꾼의 규모는 산포수 두세 명, 몰이꾼 두세 명이었다. 몰이꾼은 꽹과리처럼 요란하게 소리를 내면서 호랑이를 쫓았다. 산 아래쪽에서 일부러 불을 내기도 했다.

올가미를 쓰는 것은 산포수들이 가장 많이 이용하는 사냥법이었고, 그 외에도 함정 만들기, 몰아넣기, 구덩이 파기 등의 방법을 썼다. 함정을 팔 때는 구덩이에다 날카로운 죽창이나 나무창을 꽂아놓고 나뭇잎이나 흙으로 덮어 위장했다. 덫을 놓을 때도 그런 방법을 이용했다. 쇠 덫의 경우, 쇠붙이 냄새가 날 수 있으므로 살짝 불에 그슬려서 썼다.

개는 호랑이를 유인할 때 쓰는 가장 일반적인 미끼였다. 살아 있는 개를 숲에 묶어두면 호랑이가 그것을 알아내고 접근하는데, 이때 개도 맹렬하게 짖어댄다. 그래서 호랑이의 동선을 쉽게 파악할 수 있었다.

영조 때는 이런 일이 있었다. 남원에서 어떤 사람이 호랑이한테 물려가는 아버지를 보고 맨손으로 달려들어 구해냈다. 소식을 들은 영조는 효심을 가상히 여겨 특별 상금을 내렸고, 그 사람은 영웅이 되었다.

사실은 이렇다. 아버지가 호랑이의 공격을 받고 쓰러지자, 근처에 있던 아들이 소리치면서 달려들었다. 이에 호랑이가 놀라 달아나는 것을 본 사람들이 그를 용감한 아들이라고 칭찬했다. 그런 소문이 돌고 돌아 맨손으로 호랑이 눈을 찔러 죽였다는 이야기로 부풀려졌다. 어느 시대든 영웅은 필요하기 때문이다.

국가는 그런 영웅을 통해서 호랑이에 대한 적개심을 고취시켰다. 그러니 호랑이가 조선의 국민적인 적이 될 수밖에 없었다. 관에서는 호랑이만 보면 반드시 신고하게 했다.

그러고 보면 한국은 신고 정신이 투철한 나라이다. 내가 어렸을 때만 해도 이 나라에는 어딜 가든 '간첩 신고, 간첩 식별 요령'이라는 방이 붙어 있었다. 실제로 산에서 혼자 돌아다니다 간첩으로 오인받아서 군부대로 끌려가는 일이 비일비재했다. 간첩을 잡게 되면 말 그대로 '대박'이었다.

호랑이도 그것과 똑같았다. 호랑이를 잡으면 로또에 당첨된 거나 다름없었으니까.

조선은 수도에 배치한 착호군뿐만 아니라 거의 모든 병영에 호랑이 사냥하는 군사를 두었다. 특히 만주나 시베리아로 넘어가는 길목에는 호랑이 잡는 부대를 더 많이 만들었다. 평안도에는 숙종 때

간첩 신고 포스터, 국립민속박물관

깊은 밤, 혼자 라디오만 들어도 이웃이 간첩이라고 신고하던 시절이 있었다. '민간인과 경찰이 한마음으로 간첩을 잡아내자'라는 말을 '민간인과 군인이 한마음으로 호랑이를 잡아내자'라고 바꾸면 조선시대의 훌륭한 방이 될 수 있다.

착호군이 1만 1,000명, 함경도에는 7,000명 정도까지 늘어났다.

영국인 이사벨라 버드 비숍은 100여 년 전에 조선을 여행한 뒤 『한국과 그 이웃 나라들』이라는 책을 냈는데, 이 책을 보면 "호랑이 사냥꾼은 사단이나 군단 같은 조직을 갖고 있는데 (…) 헐렁한 청색 제복에 원뿔형 관 모양의 챙 넓은 모자를 쓴 그들은 거동에서 가장 이색적인 존재였다"라는 대목이 나온다. 호랑이와 전투하기 위해 사단이나 군단 같은 어마어마한 군사 조직을 만들었으니, 이방인 눈에는 얼마나 특이하게 보였겠는가.

착호군은 온갖 깃발을 들고 요란하게 나팔을 불거나 북을 치면서 출동했다. 그만큼 알아주는 부대였다. 특히 한양 사람들은 착호군 이 출동하면 길을 터주면서 "와아, 착호군 만세!", "제발 남산의 호 랑이들을 싹 잡아주세요!" 하고 박수를 치며 열렬히 환영했다. 이 처럼 한양 사람들이 착호군을 좋아했던 것은 그만큼 호랑이가 자 주 나타났기 때문이었다.

조선은 건국하면서 수도를 한양으로 정했는데, 한양은 북한산이 라는 큰 산과 그 산을 따라 한강으로 흘러가는 수백 개의 하천이 있 는 땅이었다. 그런 곳은 호랑이에게도 아주 살기 좋은 땅이다. 호랑 이는 북한산을 근거지로 하여 크고 작은 하천을 따라 이동하면서 한

도성도, 국립중앙박물관
조선이 건국하면서 거대한 궁궐이 들어서고 큰 도시 가 형성된 한양은 원래 호랑이들의 땅이었다. 한양에 는 큰 산과 큰 강이 있으며 중랑천 같은 작은 하천들도 아주 많았으니 호랑이의 낙원이었다.

강으로 합류했고, 그 강을 따라 바다로 가거나 위쪽으로 거슬러 올라가기도 했다. 당연히 강변은 갈대숲으로 덮여 있었다. 요즘의 한강 자전거 길이 옛날 호랑이 길이었던 셈이다.

조선은 건국하면서 일방적으로 호랑이의 땅을 빼앗았다. 한양은 삽시간에 큰 도시로 변했고, 그 주위에 사는 호랑이들은 모두 다 쫓겨났다. 그러니 호랑이와 인간이 충돌하는 것은 당연한 일이었다. 호랑이는 한반도에서 가장 살기 좋은 땅을 빼앗긴 셈이었다. 한양은 남과 북으로 이동하는 통로이기도 했으니, 호랑이는 전략 거점을 상실한 것과 다름없었다. 한양에서 일어난 호환은 다 그럴 만한 역사적인 이유가 있었다. 호랑이가 아무 이유도 없이 성안에 나타나서 사람을 해친 것이 아니다.

어쨌든 인간들도 그것을 알고 강력하게 대응했다. 성을 더 높이 쌓고, 밤이 되면 호랑이가 들어올 수 없도록 성문을 닫고, 호랑이 전문 사냥 부대를 만들었다. 그만큼 한양 주위에는 호랑이가 많이 살았다는 뜻이다.

착호군은 당시 최고의 직업이었다. 착호군이 되기 위해서는 180보 밖에서 목궁을 쏘아 한 발 이상 명중시키고, 두 손에 각각 50근(30킬로그램)을 든 채 한 번에 100보 이상을 갈 수 있어야 했다. 호랑이하고 전투할 때는 근거리보다 원거리에서 하는 경우가 많았기 때문에 활을 잘 쏘는 사람이 그만큼 유리했던 것이다.

착호군은 사용하는 화살도 달랐다. 일반 부대는 휴대하기 쉬운 각궁을 썼지만, 착호군은 크고 무거운 목궁이나 쇠뇌를 썼다. 특히

호렵도, 국립민속박물관

조선은 화가들에게 사냥꾼이 호랑이를 용감하게 무찌르는 장면을 많이 그리게 했다. 그 그
림을 보고 호랑이를 이겨낼 수 있다는 자신감을 갖게 했다.

쇠뇌를 잘 다뤄야 했기 때문에 착호군을
'쇠뇌 부대'라고도 했다. 쇠뇌는 총이
등장하기 전까지 호랑이를 사냥
하는 가장 강력한 무기였다.

착호군은 근무 임기를
마치면 종4품 벼슬에 임
명되었고, 그중에서는
지방의 수령으로 진출하
는 경우도 있었다. 착호
군만 되면 먹고사는 문제
가 해결되니, 당연히 경쟁

쇠뇌, 국립민속박물관
쇠뇌는 무겁고 커서 휴대하기는 불편하지만,
한번 맞았다 하면 상대에게 치명적인 타격을
줄 수 있다.

률도 대단했다. 착호군은 군인들 중에서 거의 최고의 대우를 받았
다. 호랑이를 잡으면 전쟁에서 적을 죽인 것만큼, 아니, 그 이상으
로 예우를 해주었다.

그들은 왕을 호위하는 경호 부대 역할도 했다. 왕이 궁을 나와 먼
거리를 이동할 때 착호군들을 차출해 경호하게 한 것이다.

그 덕에 착호군의 자부심은 하늘을 찔렀고, 허세도 엄청날 수밖
에 없었다. 그들은 한양에서도 대범하게 술을 마시고 크고 작은 싸
움을 많이 했다. 그럼에도 "난 착호군이야!" 하고 소리치면 그 누구
도 함부로 대하지 못했다. 그러니 한양의 착호군이 호랑이를 잡기
위해 시골로 내려갈 경우에는 그 허세가 어땠을지 짐작이 갈 것이
다. 심지어 그 지역을 다스리는 현감이나 목사라고 해도 그들을 함

부로 대할 수 없었다.

"이렇게 추운 날 한양에서 여기까지 배고픔을 마다하지 않고 달려온 게 누구 때문인데, 우리를 마중 나오지도 않다니 괘씸하네요. 우리가 산속으로 들어가서 목숨을 걸고 호랑이를 잡아주면 누가 좋겠습니까? 당연히 이 고을을 다스리는 사또가 가장 편안할 거 아닙니까?"

만약 사또의 대접이 소홀하면 일부러 호랑이 사냥 기간을 늘리고 그 지역에 오래 거주했다. 착호군이 오래 머물면 머물수록 사또는 힘들어했다. 왜냐하면 그들이 머무는 동안 식량을 조달하는 것은 물론, 따뜻한 숙소를 마련해주고 온갖 술 접대까지 해야 했기 때문이었다.

착호군들이 한 고을에 열흘만 머물러도 그 지역 민심이 아주 사나워졌다. 먹거리는 당연히 백성들에게서 나오는 것이니, 백성들은 착호군을 좋아하지 않았다.

'호랑이를 추격할 때 농부들의 논밭을 망가뜨리지 않도록 해야 하고, 민가에 들어가서 피해를 주어서는 안 된다.'

이와 같은 규칙이 있었지만 잘 지켜지지 않았으니, 착호군이 자주 출동하는 지역에서는 "저놈들은 호랑이를 잡는 게 아니라 백성들의 피를 빨아먹고 산다! 착호군이 호랑이보다 더 무섭다!"라는 말이 무시로 돌았다.

화성능행도, 김득신 외, 국립고궁박물관
정조가 어머니 혜경궁 홍씨를 모시고 아버지 사도세자 묘소가 있는 현륭원까지 가는 장면
을 그린 것이다. 이때 왕의 가마 주위에 배치된 병사들이 바로 착호군이다.

조선시대 최고의 사치품은 바로 호피였다

조선시대 과거길은 한양을 중심으로 이어진다. 대표적인 과거길인 삼남대로에는 일정한 간격으로 주막이 들어서 있었는데, 그것 역시 호랑이를 염두에 둔 조선 정부의 정책이었다.

과거길을 떠나본 경험이 있는 선비들은 어느 고개 입구나 어느 고개를 넘어가야 주막이 나오는지를 알았다. 그래서 그런 주막을 기준으로 하루하루 이동했다. 정확하게 한양까지의 거리를 알아보고 하루하루 이동해야지, 자신의 빠른 발걸음만 믿고 무리하게 걸어가다가 산속에서 어둠을 만나면 그야말로 낭패였다.

선비들은 지팡이 같은 막대기를 가지고 다녔는데, 호랑이로부터 자신을 방어하는 용도로도 쓰긴 했겠지만 실제로는 땅바닥에 질질 끌고 가면서 크게 소리를 내는 용도로 썼다. 호랑이가 자주 출몰한다는 고개를 지나갈 때면 일부러 큰 소리를 내면서 노래를 부르기도 하고, 무엇인가를 끌고 간 것이다.

나 역시 어린 시절에는 해 질 무렵 고개를 넘을 때마다 농기구를 땅에 늘어트리고 요란한 소리를 내며 끌었고, 고래고래 노래를 불렀다. 당시에는 나뿐만 아니라 모두가 그랬다. 그렇게 요란한 소리를 내면 호랑이뿐만 아니라 귀신들도 물러간다고 어른들이 일러준 터였다. 또한 그 요란한 소리가 마음을 안정시켜주기도 했다.

과거 보러 떠나는 선비, 김준근, 국립민속박물관
수험생인 선비들은 한양까지 먼 길을 가야 하기 때문에 간단한 복장으로 길을 떠난다.

과거 철만 되면 선비들이 한양으로 몰려들었다. 과거의 꽃인 문과에 급제하기란 하늘의 별 따기만큼이나 어려웠다. 상대적으로 쉬운 무과는 관직이 너무 적어서 합격한다고 해도 벼슬을 받을 수가 없었다. 그래서 공부를 하다가 맘대로 안 되면 "에이, 차라리 호랑이를 잡아서 출세하는 것이 더 낫겠다!"라며 사냥꾼들을 따라 나서는 사람도 있었다. 호랑이를 서너 마리씩 왕에게 바치면 벼슬을 주기도 했기 때문이다.

한때 정3품 이상의 벼슬을 의미하는 당상관을 가리키며 "그 절반은 호랑이를 잡아서 됐을 겁니다" 하는 말이 나올 정도였다. 정3품은 고위직 공무원이다. 하늘의 별 따기만큼이나 어렵다고 하는 문과에 장원급제해서 처음 얻는 벼슬이 종6품이었던 것에 비하면 얼마나 높은 관직인지 알 수 있다. 그러니 애써 수십 년 동안 공부할 필요가 없었다. 유능한 사냥꾼을 고용해 호랑이를 몇 마리 잡거나, 돈으로 호랑이를 사서 왕에게 바치면 되는 것이다.

하도 그런 사람들이 많다 보니 부작용도 생겼다. 호랑이를 상납

용호도, 국립중앙박물관
옛사람들이 말하는 호랑이는 '호랑이와 표범'을 같이 가리킨 것이다. 표범도 호랑이라고 생각
했기 때문이다.

하고 관직에 들어간 이가 글을 모르는 경우도 있었다. 이 때문에 글을 모르는 사람은 관직에 들지 못하도록 법을 마련하자는 논쟁이 일기도 했다.

우리 조상들은 고양잇과 동물 고기를 즐겨 먹었다.

나는 어린 시절에 집에서 닭을 훔쳐간 삵을 사냥한 적이 있는데, 마을 어른들이 삵 고기는 몸에 좋고 아주 맛있는 고기라고 하며 그것을 당신들에게 팔라고 했다. 결국 그것을 팔지 않고, 할아버지가 삶아서 마을 어른들에게 드렸다. 할아버지는 고양잇과 동물들 중에서 호랑이 고기가 최고라고 했으나, 너무 귀하고 비싸서 평민들은 엄두도 낼 수가 없었다.

호랑이 고기를 먹으면 아들을 낳는다는 소문 때문에 부잣집 여자들이 그것을 자주 먹었다. 호랑이 고기보다는 호랑이 뼈가 더 비싸게 팔렸는데, 약으로 쓰이기 때문이었다. 거의 모든 뼈가 다 약으로 쓰였다. 그중에서도 앞다리 뼈가 가장 비쌌다. 앞다리 뼈로 가루를 내 약으로 먹으면 죽은 사람도 벌떡 일어난다고 할 정도로 효과가 있었다고 한다. 그러니 다리가 아프거나 기력이 없는 사람들은 기를 쓰고 호랑이 앞다리를 구해 약으로 먹으려고 했다. 호랑이 앞다리를 찾는 사람이 하도 많아서 말이나 노새의 뼈가 호랑이 뼈로 둔갑되어 팔리기도 했다니, 예나 지금이나 사기꾼들은 꼭 있기 마련이다.

그뿐이 아니다. 수염, 코, 발톱, 이, 쓸개, 눈알까지도 약으로 썼다. 호랑이를 잡으면 가죽은 가죽대로 팔고, 고기와 뼈는 그것대로 팔았으니 버릴 게 하나도 없는 셈이다.

인간들은 호랑이가 사라져야 할 악의 축이라고 생각했는데, 정작 죽은 호랑이는 고통받는 인간들을 위한 약으로 쓰였으니, 인간은 호랑이의 보살핌을 받으며 살아간 것이라고 할 수 있다.

호랑이는 로또나 다름없었다. 호랑이를 잡아서 바친 노비는 평민으로 신분을 올려주기도 했고, 호랑이를 잡은 평민은 평생 세금을 면제해주기도 했으니 그야말로 팔자를 고치는 셈이었다.

조선 왕조의 재정에 대한 내용이 수록된『만기요람』을 보면, 호피 값은 쌀로 13석에서 20석이었다고 한다. 쌀이 귀했던 그 시절에는 엄청난 값이다. 또한 조선 초기에는 호피 한 장이 면포 30필 가격이라고 했는데, 인조 때는 50필, 연산군 때는 80필, 명종 때는 400필까지 폭등했다. 면포 한 필 값이 2냥이었으니까 50필이면 100냥이고, 400필이면 800냥이라는 거금이다. 그러니 사람들은 "호랑이 때문에 못 살겠다!" 하고 투덜거리면서도 "호랑이야, 제발 우리 집으로 내려와라!" 하며 은근히 바라기도 했다.

만주족이나 중국 사람들은 호랑이를 잡을 때 독약을 쓰는 경우가 많았다. 그러나 조선인들은 절대 독약을 쓰지 않았다. 독약으로 호랑이를 잡으면 쉽게 부패해 제값을 받고 팔 수 없었기 때문이다.

나는 어린 시절에 각종 독약을 이용해 야생동물을 사냥하는 모습을 많이 목격했다. 독약으로 사냥한 야생동물은 곧바로 위장을 다 들어내야만 팔 수 있었다. 또한 독약을 먹은 야생동물은 너무도 고통스러워하며 평소보다 훨씬 멀리 가서 죽기 때문에 그 사체를 찾아내기도 쉽지 않았다. 그렇게 죽은 동물이 다른 야생동물의 먹이가 되면 다른 동물까지 연쇄적으로 죽게 된다.

영국인 사냥꾼 포드 바클레이가 쓴『만주의 호랑이』라는 책에는 이런 글이 있다.

괜히 가죽에 구멍이라도 나게 되면 가치가 떨어지기 때문에, 불운한 동물이 덫에 걸려들면 죽을 때까지 굶긴다. 필자가 조선을 방문하기 몇 년 전, 몇 명의 젊은 수도사들이 수도원 근처에서 덫으로 잡은 호랑이도 굶어 죽을 때까지 먹이를 주지 않아 3주 뒤에 죽었다고 한다.

조선인들이 어떻게 호랑이를 사냥했는지 잘 알 수 있는 대목이다. 그들에게 호랑이는 두려움의 대상이면서도 팔자를 고칠 수 있는 금덩어리나 다름없었다.

호피는 국제무역에서도 고가의 물건이었다. 중국은 일찍부터 논밭을 개간하여 농업이 발달했고, 평야지대가 많기 때문에 호랑이 사냥이 쉽지 않았다. 그래서 중국 황제는 조선에 공납으로 많은 호피를 요구했다.

호랑이가 살지 않는 일본

쌍호흉배, 국립민속박물관
무반을 상징하는 호랑이 두 마리가 새겨진 흉배·쌍호흉배는 정3품인 당상관들이 착용했다.

에서는 조선 호피의 인기가 더욱 좋았다. 그러니까 조선에서 잡힌 호랑이 가죽이 일본은 물론이요, 여진, 중국, 몽골까지 팔려나갔다.

당연히 조선 정부에서는 호피를 소중하게 관리했다. 부족한 정부의 살림살이를 보충하는 데 호피만큼 유용한 것이 없었다. 정부의 살림살이가 힘들어지면 언제 어느 때나 팔아서 돈을 마련할 수 있는 물건이었다.

조선시대는 문반과 무반이라는 양반이 지배계급이었다. 문반을 동반, 무반을 서반이라고 하는데, 무반을 '호반虎班'이라고도 했다.

무반을 호반이라고 부른 것은, 그들이 주로 전투를 담당하는 군인들이어서 호랑이처럼 용맹스러워야 한다는 점을 강조하기 위해서였다. 그만큼 호랑이의 용맹성을 높이 평가한 것이다. 물론 호피를 무반들만 좋아한 것은 아니다. 각 지방에서 거둬들인 호피는 왕실 창고에 보관되어 필요할 때마다 팔기도 했지만, 왕실 외에 벼슬아치들에게도 배분되었다.

성균관친림강론도, 고려대박물관
호피만 깔아도 땅바닥에서 올라오는 축축한 습기를 막을 수 있고 푹신푹신해 전혀 불편함이 없었다. 왕이 깔고 앉은 것은 표범 가죽이다.

일상생활에서 호피가 가장 많이 쓰인 것은 방석이다. 호피 방석은 최고의 명품으로, 돈이 많지 않거나 높은 벼슬을 하지 않으면 가질 수가 없었다. 평민들 입장에서는 꿈에서나 앉아볼 수 있는 물건이었다. 호피 방석 중에서도 매화꽃 무늬가 있는 아름다운 표범 가죽이 인기가 많았다.

국가기록원에 있는 고故 박정희 전 대통령 가족사진을 보면 호랑이는 여전히 인간의 역사 속에 머무르고 있다. 인간의 문명은 하루가 다르게 변해, 지금은 최고급 명품으로 대접받는 더 좋은 양탄자며 방석이 흔해진 시대인데도 여전히 죽은 호랑이 가죽이 대통령 가족 앞에 깔려 있다. 조선시대야 호랑이 돗자리보다 좋은 것을 구할 수 없어서 어쩔 수 없었다고 쳐도, 저 사진을 찍은 시절에는 호랑이 돗자리를 생각조차 하기 힘들었다.

사람들은 호랑이 가죽으로 만든 각종 물건들이 온갖 나쁜 것을 다 막아준다고 믿었다. 사람들은 호랑이를 하찮은 미물로 취급하고 어떻게 해서든 없애려고 했으면서도 한편으로는 수호신처럼 모시면서 의지하려고 했다. 결국 인간은 호랑이보다 약한 존재였다.

특히 호랑이는 여자를 지켜준다고 하여 가마 덮개로도 이용되었

고 박정희 전 대통령 가족사진 (1970년대), 국가기록원
호랑이 가죽으로 만든 양탄자가 깔려 있는 바닥 위에서 기념사진을 찍고 있는 박정희 대통령 가족. 호랑이 가죽은 왕을 상징하기도 한다.

다. 데이트 폭력이 큰 사회문제가 되고 있는 요즘처럼, 남성에 의한 폭력이 두려워서 호랑이를 등장시킨 것은 아니다. 인간으로서는 어찌할 수 없는 절대적인 힘을 가진 역병, 그리고 각종 귀신들, 특히 호랑이 귀신을 두려워한 것이다. 호랑이의 가죽이 그런 모든 것들로부터 지켜준다고 믿었다.

양반일수록 크고 화려한 호랑이 가죽을 사용해서 가마를 만들었다. 호랑이 가죽을 구할 수 없으면 가마에다 호피 무늬 그림을 그려 넣었다. 정승 집에서는 '호피를 가지고 있으면 잡귀가 침범하지 못하고 벼슬자리를 길이 보전할 수 있다'는 믿음으로 장롱 속에 고이 간직했다.

여자들은 호랑이 가죽보다 표범 가죽을 더 좋아했다. 아무래도 표범 가죽이 훨씬 더 아름답기 때문이다.

호랑이와 표범 가죽은 시대에 따라, 그때그때 물량에 따라 가격 차이가 났다. 무늬가 아름다운 표범 가죽의 수요가 더 많았고, 그만큼 더 비싸게 팔렸다. 때로는 거의 배 이상 차이가 나기도 했다.

사인교, 국립민속박물관

어떤 식으로든 호랑이 무늬가 새겨져 있지 않은 가마는 새색시를 태울 수가 없었다. 가마를 지켜주는 것은 호랑이였다.

호랑이 가죽으로
세금을 내게 하는 나라

조선 정부는 호랑이 사냥을 독려하기 위해서 '호피공납제'를 실시했다. 전국 330여 군현에 겨울 석 달 동안 매달 한 마리씩 사냥해 석 장의 호랑이 가죽을 바치게 했다. 그러니 조선인들은 기를 쓰고 호랑이와 전쟁을 벌일 수밖에 없었다. 만약 할당된 호피를 바치지 않으면 갖은 압박을 당하게 되므로, 지역 관리들은 기를 쓰고 호랑이 사냥에 전력을 다했다. 정해진 호랑이를 잡지 못하면 '호소목'이라는 벌금을 물리고, 호피 대신 소나 돼지를 바치게 했다.

가장 괴로운 것은 백성들이었다. 만약 호랑이가 나타나지 않

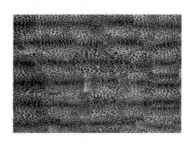

호피 양탄자, 국립중앙박물관
세금으로 거둬들인 호피 중에서 질이 가장 좋은 것들은 왕실의 방석이나 양탄자로 사용되었다. 이는 수십 마리의 표범 가죽을 재단해 만든 양탄자로, 조선 왕실에서 이용했던 것으로 추측된다.

청 관인 초상, 국립중앙박물관
중국 사신들이 조선에 오면 개인적으로 가장 많이 사
가는 것이 호피였다. 그만큼 조선 호피는 중국에서도
인기가 좋았다.

으면 다른 지역에 가서라도 잡아야 했다. 예전에는 호랑이가 나타
날까 봐 두려워했는데, 이제는 제발 나타나기만을 기다리는 꼴이
돼버렸다.

시간이 지날수록 호랑이는 줄어드는데 계속 잡아내라고 하니, 환
장할 노릇이었다. 그러다 보니 가짜 호피가 등장했다. 스라소니 같
은 작은 고양잇과 동물들이 수난을 당했고, 온 마을 사람들이 돈을
모아서 호랑이 가죽을 사다가 세금으로 바치는 일도 생겼다.

오죽했으면 『영조실록』에는 '산도 풀도 없는 지역까지 호피의 진
상이 과하다 보니 그 피해가 호랑이 피해보다 더 심하다'라는 기록
까지 등장했다. 이런 호피 제도 때문에 정든 고향을 등지고 떠나는
사람들이 점점 늘어났다.

주변 국가에 '조선의 전 국민이 호랑이랑 싸운다'는 소문이 파다

하게 퍼졌다. 중국 사람들은 조선 사람을 보면 "조선인은 1년의 반을 호랑이 잡으러 다니고, 나머지 반은 호랑이가 사람을 잡으러 다닌다!", "당신네 나라에서는 호랑이만 잡으면 높은 벼슬도 주고, 부자가 된다면서요?" 하고 비아냥거리기도 했다. 그러면서도 조선 호피를 갖고 싶어 했다.

중국 황제들은 해마다 조선에서 바치는 공물 중 호피의 양을 더 많이 요구했다. 단종이 즉위한 1452년에는 이런 일이 있었다. 조선의 사신들이 명나라에 호피 40장을 전달하자, 명나라 측에서 "우리가 100장을 요구했는데, 왜 40장밖에 주지 않는 거요?" 하고 불만을 터트렸다. 조선의 사신들은 "실은 이제 우리나라에서도 호랑이를 잡기가 쉽지 않습니다. 그러니 양해해주십시오" 하고 말했지만, 그들의 불만은 쉬이 사그라들지 않았다. 결국 그다음 해에 더 많은 호피를 주겠다고 약조하고 간신히 그들의 불만을 잠재웠다.

조선은 병자호란 직후인 1637년부터는 청나라가 요구한 전쟁 비용까지 부담하게 되었다. 이때 청나라는 엄청난 양의 호피를 요구했다. 매년 정기적으로 사신 편에 호피 142장을 바치고, 부정기 사행에서 53장, 칙사 예단으로 35장을 보내야 했다. 이때부터 해마다 거의 230장 정도의 호피를 청나라로 보내다가 1711년 이후가 돼서야 20~30장으로 줄어들었다. 그만큼 호랑이 잡기가 힘들어졌다.

조선에서 일본으로 수출된 품목 중에는 꾀꼬리, 두루미, 매, 말, 노루 등이 있는데, 대부분 산 채로 팔려갔다. 그중에서 가장 인기가 있었던 동물은 매다. 조선의 매는 삼국시대부터 주변국으로 팔려

해 뜨는 바위에 앉은 매, 정홍래, 국립중앙박물관
일본의 지배계층인 무인들은 하늘을 나는 용감한 매를 그들의 상징물처럼 생각했다.

가거나 사신들이 갈 때 선물로 가져가는 동물이었다. 1749년 일본으로 간 통신사는 70여 마리의 매를 가져가기도 했다.

일본에서 조선 매의 인기는 대단했다. 일본 귀족들은 조선의 매를 좋아했고, 매를 이용한 사냥은 지배계층만의 놀이 문화였다.

조선의 매는 늘 부족했다. 호랑이와 마찬가지로 매는 가축으로 키울 수 있는 게 아니어서 야생의 새를 잡아야 했기 때문이다.

그러다 보니 조선에서 가까운 쓰시마섬의 지배 세력은 어떻게 해서든 조선의 매를 구해 권력자들에게 진상품으로 보냈다. 매는 성격이 급할 뿐만 아니라 좁은 곳에 갇혀 있으면 쉽게 죽는다. 그래서 일본으로 운송하는 과정에서도 많은 매가 죽었다.

매보다 더 인기 있는 물품이 바로 '호피'였다. 일본은 쓰시마섬對馬島을 통해 조선 호피를 많이 수입했다. 그래서 일본으로 가는 통신사는 항상 호피를 챙겨 갔는데, 그 수량이 한정되어 있었다. 30~40장 정도 가지고 가서 최고 실력자인 막부 장군에게 15장을 선물하고, 주로 고위층들에게 선물했다. 1748년에는 통신사가 호피 79장을 가져갔다.

조선 통신사로부터 선물을 받지 못한 귀족들은 개인적으로 호피를 구입했다. 조선 호피를 구입하는 것은 늘 쓰시마섬 사람들의 몫이었다. 그들은 부산 왜관으로 사람을 보내 호피를 구입해 갔다.

개인적으로 국제무역을 하는 상인들은 호피를 이용해서 막대한 이익을 남기기도 했다. 호피는 없어서 못 파는 물건이었고, 부르는 게 값이었다.

조선에서도 점차 호피가 귀해지자 쓰시마섬에서 요구하는 호피 물량을 확보할 수가 없었고 조선 정부가 공식적으로 호피 수출을 거절하는 일도 있었다.

이렇게 조선 호피는 중국, 일본 같은 주변국 사람들의 생활용품으로도 이용되었으니, 물량이 달리는 것은 당연한 일이었다. 그럼에도 조선이 버틸 수 있었던 것은 호피 제도의 시행으로 해마다 각 마을에서 호피를 석 장씩 거둬들였기 때문이다. 그렇게 걷힌 호피는 해마다 1,000장이 넘었다. 이 말은 한 해에 1,000마리의 호랑이가 죽어갔다는 뜻이다. 그야말로 대학살이었다.

어린 시절 산토끼와 족제비를 잡아서 가죽을 팔았던 내 경험을 생각해보면, 또 다른 변수도 있었을 것이다. 즉 기록되지 않은 것들, 예를 들면 호랑이를 잡았는데 가죽이 다 상해서 쓰지 못하게 되었다거나 여름에 잡혀서 썩어버렸다거나 하는 경우, 사냥꾼들이 개별적으로 잡아서 모르게 파는 경우도 상당수 존재한다.

어린 시절 나는 사냥꾼들이 미처 발견하지 못해 썩어가는 야생동물을 많이 보았다. 지금도 기억나는 것은 진달래꽃을 따다가 발견했던 멧돼지 사체다. 거대한 멧돼지가 덫에 걸린 채 죽어 있었는데, 온몸이 구더기로 덮여 있었다. 여름에도 고라니와 멧돼지 그리고 산토끼의 사체를 많이 보았다. 치우지 않은 덫에 걸려 죽고, 농약이나 다른 독극물에 죽어간 것들이다.

조선시대에도 그런 변수들이 많았을 것이다. 그렇다면 한 해에 최소 1,500마리 이상의 호랑이들이 죽어갔을 것으로 추정된다.

호랑이를 얼마나 잡아들였으면 성종 때 왕실 창고에 1만여 장의 호피가 쌓여서 썩어가고 있다는 기록까지 있을까. 그 큰 생명체가 한 해에 1,500마리가량 죽어갔다는 것은 정말 끔찍한 일이다. 이로써 조선이 호랑이를 얼마나 잔인하게 탄압했는지 알 수 있다. 오랫동안 국가가 주동이 되어 동물을 탄압한 역사는 거의 없을 것이다.

『조선왕조실록』에는 호환에 대한 기록이 600여 차례 등장한다. 물론 철저하게 인간들 입장에서 작성되었기 때문에 '호랑이는 가해자'고 '인간은 피해자'라는 식으로 왜곡되어 있다.

조선의 각 마을에서는 겨울이 오면 세금으로 바칠 호피를 마련하기 위해 호랑이 사냥에 나섰다. 사냥하다가 다치면 무조건 호환이라고 기록했으니, 호랑이 입장에서는 아주 부당한 일이었을 것이다.

눈동자에 비친 호랑이의 어린 시절, 최시환 (14세)
어린 호랑이가 산과 들에서 자유롭게 뛰어놀고 있다. 이처럼 호랑이가 제왕이었던 시절에는 모든 야생동물이 오랫동안 평화롭게 살아왔다. 한반도에서 인간의 힘이 강해지면서 그런 평화가 깨졌고, 호랑이를 비롯한 야생동물들이 하나둘씩 멸종되기 시작했다.

원래 어떤 사건이 일어나면 양측의 의견을 다 들어보고 판단해야 한다. 하지만 인간들은 무조건 호랑이의 포악성만을 과장되게 퍼트리며 자신들의 행위는 정당한 것이라고 주장했다.

만약 호랑이가 역사책을 작성했다면 '한 해에 인간들 공격으로 죽어간 호랑이가 수천 마리이니, 대체 그 포악한 인간들을 어찌해야 한단 말인가?'라고 했을 것이다. 심지어 인간들은 덫이나 함정에 걸린 호랑이를 제압하는 과정에서 상처를 입어도 당국에 호환이라고 신고했다. 그러니 단순하게 '17세기에 호환이 가장 많았다'는 식의 통계는 별 의미가 없다. 왜 그런 일이 일어났는지에 대해서도 밝히지 않았기 때문이다.

17세기에는 조선 인구가 폭발적으로 불어났으며 그와 더불어 전국에서 농지 개간이 실시되었다. 농지 확충은 호랑이들의 땅을 빼앗는 전쟁을 통해서 이루어진다. 그러니 인간들도 많이 다칠 수밖에 없었다. 그것을 두고 '호환이 늘어 백성들이 부들부들 떨었다'라고 표현하는 것은 옳지 않다.

대체 한반도에는 얼마나 많은 호랑이가 살고 있었을까. 한 해에 1,500마리 정도가 죽었어도 그들의 생태계가 유지되었으니까 호랑이와 표범을 합치면 적어도 수천 마리는 되었을 것이다.

어쨌든 호랑이는 조선의 거의 모든 산에 살았다. 더구나 조선 정부의 엄청난 농지 확장 정책으로 들에서 쫓겨난 호랑이들까지 죄다 산으로 숨어들었으니, 깊은 산뿐만이 아니라 동네 자그마한 뒷산에서도 호랑이가 발견되는 것은 당연한 일이었다.

들에서 산으로 쫓겨간 호랑이는 숲에서도 물이 흐르는 계곡을 중심으로 살았다. 호랑이는 물이 흐르는 계곡이 없으면 오래 머무르지 않았다. 노련한 사냥꾼들은 그런 호랑이의 성격을 알고 계곡을 중심으로 추적했다.

호랑이는 보통 한 계곡에 한 마리가 살아간다. 물론 번식기에는 암수가 함께 계곡에 머문다. 서로 마음에 맞는 상대를 찾아다닐 때는 고양이처럼 요란하게 소리를 지르는데, 이때가 보통 동지 전후다.

새끼 호랑이들이 가장 두려워하는 존재는 경쟁자인 표범을 비롯한 늑대 같은 동물이지만, 기실 자신의 어른인 수컷 호랑이를 가장 무서워한다. 그래서 아기를 키우는 암컷들은 수컷들이 다가오면 아주 사나운 전사로 돌변한다. 수컷은 그런 암컷과 맞서지 않고 은밀하게 새끼들을 죽였다. 새끼들이 죽으면 암컷은 슬퍼할 테지만 시간이 그 아픔을 치료해줄 것이고, 어느 정도 시간이 지나면 다시 발정하기 때문이다. 수컷들은 철저하게 자기의 유전자를 퍼트리려고 했고, 그 과정에서 수컷들끼리 경쟁하다가 죽어가는 경우도 있었다.

윌리엄 E. 그리피스는 저서 『은자의 나라 한국』에서 사냥꾼을 전혀 두려워하지 않을 정도로 날카로운 발톱과 이를 가진 호랑이를 '칼범'이라고 했다. 칼범은 호랑이 입장에서 보면 가장 날랜 용사인 셈이라 사냥하기가 쉽지 않았다. '맹호'는 몹시 크고 용맹스러운 호랑이를 의미하는데, 옛날 화가들의 그림 속에 자주 등장했다. '비호'란 적과 싸우면서 이빨을 보이기보다 도망치는 데 급급한 약삭빠

군호도, 국립민속박물관

한반도는 호랑이와 표범을 비롯
해 스라소니, 삵 같은 고양잇과
동물들의 낙원이었다. 아마도
한반도처럼 동물들이 살아가기
에 좋은 곳은 없었을 것이다.

른 녀석을 의미하고, '산돌'이란 해마다 같은 장소에 나타나서 기습하는 대호大虎를 가리킨다. '소호'는 작은 호랑이, '할범'은 암컷 호랑이, '석호'는 새끼를 낳지 못하는 암컷 호랑이를 일컫는다.

저주의 땅으로 변해 가는
호랑이 나라

호랑이는 사방이 확 트인 곳을 좋아한다. 인간들이 다가오는 것을 알 수 있고, 다른 동물들이 이동하는 것도 한눈에 파악할 수 있기 때문이다.

호랑이는 먹는 것만큼이나 쉬는 것을 중요하게 생각한다. 그래야 사냥할 때 소모한 에너지를 재충전할 수 있다. 한 번 먹이를 사냥한 뒤에는 하루 정도 계속 잠을 자는 것도 그런 이유 때문이다.

호랑이는 보통 3~4미터 높이의 바위는 쉽게 뛰어오를 수 있다. 그래서 바위를 이용해 사냥개의 추격을 피하기도 한다. 호랑이의 몸은 고무줄처럼 늘어났다 줄어드는 탄력성이 뛰어나다. 보통 뛰는 거리가 평균 4미터 이상이고, 비상사태가 발생하면 그보다 훨씬 멀리 뛸 수도 있다.

호랑이는 눈을 아주 좋아한다. 달빛이 쏟아지는 겨울밤이면 하얀 눈이 잔뜩 내린 곳으로 와서 신선들이 춤을 추듯이 혼자 논다.

호랑이 우표, 국립민속박물관
어린 시절에 어른들에게 가장 많
이 들었던, 불을 두려워하는 호랑이
이야기.

호랑이 우표, 국립민속박물관
옛날 아이들이 가장 좋아한 이야기는 '해와 달이 된 오누이'였다고
한다.

하얀 눈밭에서 뒹굴뒹굴하기도 하고, 두 발로 서서 춤을 추기도 하고, 가만히 누워 있기도 하고, 눈에다 얼굴을 마구 비비기도 한다. 하도 눈을 많이 밟고 다니다 보니 배 아래쪽과 발에 있는 털이 많이 빠진다.

옛날 사람들은 어디서건 만나기만 하면 호랑이 이야기를 가장 많이 했다.

"암튼 호랑이도 한량이여. 보통 한량들이 낮잠을 푸지게 잔 다음 해가 질 무렵에 깨어나서 '어, 출출한데 어디 가서 술이나 한잔할까?' 하고 어슬렁어슬렁 기어나오잖아. 호랑이도 한낮에는 낮잠을 푹 자고는 해 질 무렵에 깨서 어슬렁어슬렁 사냥을 시작하잖아."

"그것이 영물은 영물이여. 호랑이 암컷과 수컷은 보통 10리(4킬로미터)나 20리(8킬로미터) 밖에서도 서로 말을 주고받는다고 하데. 호랑이 소리가 10리, 20리까지 퍼져 나가니까 가능하지 않겠는가?"

그렇게 호랑이에 대한 이야기는 시간이 흐를수록 어마어마하게 많이 생겨났고, 인간들의 입과 귀를 통해 흘러 다녔다.

또한 죄를 지어 형벌 집행을 앞둔 사람들이 호랑이를 이용해 헛소문을 퍼트리는 경우도 있었다. 호랑이가 자주 나타나는 곳에다 자신의 찢어진 옷자락을 걸쳐놓고 달아나는 것이다. 그 후 다른 사람들이 "아이고, 우리 이촌(사촌) 형이 어젯밤에 고개를 넘어오다가 호환을 당했습니다"라고 소문을 퍼트리면, 관에서도 그것을 믿지 않을 수 없었다.

경작도, 김홍도, 국립중앙박물관

한가롭게 쟁기질하고 있는 저 땅은 원래 산이었다. 화전민은 소와 쟁기를 앞세워 비탈진 산을
일구어냈다. 그러니까 소는 호랑이 영토를 공략하는 일등 공신인 셈이다. 양반들이 앉아서 쉬
고 있는 나무 밑에는 밭에서 골라낸 어마어마한 양의 돌무더기가 쌓여 있다.

호랑이를 몰아낸 땅에 농지를 일구는 정책은 성공적이었다. 수
많은 농부가 호랑이들에게 죽어갔지만, 늘어난 땅에서 수확한 식
량은 조선 경제를 튼튼하게 뒷받침해주었다.

그래도 농사지을 땅은 여전히 부족했다. '천석지기'니 '만석지기'
니 하는, 상상을 초월하는 논밭을 가진 부자들이 등장하기 시작했
고, 좋은 논밭은 돈 많은 양반들 수중에 들어갔다. 가난한 평민들이
논밭을 늘리는 일은 거의 불가능했다.

그들이 선택할 수 있는 방법은 두 가지뿐이었다. 호랑이를 잡아
서 일확천금을 벌어들이든가, 새로운 땅을 찾아 떠나는 일이었다.
들에는 더 이상 개간할 땅이 남아 있지 않으니, 인간들의 발길이 미
치지 않는 더 깊은 곳으로 갈 수밖에 없었다. 깊은 골짜기로 들어간

인간들은 산에다 불을 놓아 호랑이를 쫓아내고는 돌멩이로 둑을 쌓고 계단식 논이나 밭을 만들었다.

인간들이 그렇게 밀고 들어올 때마다 호랑이들은 물러나야 했다. 인간들은 점점 조직화되고, 무기도 발달되었지만, 호랑이들은 여전히 홀로 대응했다. 그러니 시간이 흐를수록 호랑이들이 불리해졌다. 쫓기고 쫓긴 호랑이들은 더 깊은 골짜기로 들어갔다.

호랑이들은 '이 정도면 인간들이 들어오지 못할 거야!' 하며 안심하고 살았다. 그러다 보면 어느 날 산에 불이 나고, 허겁지겁 달아나기 일쑤였다. 인간들의 욕망은 끝이 없었다.

산이 하도 험해서 인간들이 논밭으로 개간할 수 없는 곳이라야 호랑이들은 안심하고 살았다. 당연히 그런 곳은 호랑이 밀도가 높았다. 결국 동족끼리 경쟁해야만 했고, 거기서 밀려난 호랑이들은 갈 곳이 없어졌다. 결국 여기저기 떠돌던 호랑이들은 인간의 마을로 내려갈 수밖에 없었다. 어쩔 수 없는 선택이었다. 호랑이는 인간의 마을로 들어가서 소나 말을 비롯해 염소, 돼지, 개, 닭 같은 동물들을 잡아먹었다.

특히 호랑이는 개를 미워했다. 인간의 앞잡이인 개는 호랑이보다 예민한 후각과 청각을 갖고 있다. 그놈들은 인간이 호랑이 사냥을 할 때도 앞장섰고, 마을에서도 호랑이의 접근을 가장 먼저 알아차렸다.

이사벨라 버드 비숍은 『한국과 그 이웃 나라들』이라는 책에서 "조선은 개들의 천국이다. 모든 가정집에서 개를 기르고 있으며, 각 집마다 개가 드나들 수 있는 작은 개구멍이 있다"고 했다. 개구멍은 개들이 자유롭게 집 안팎을 드나들 수 있도록 인간이 배려해준 것이다. 다분히 호랑이의 공격을 염두에 둔 배려였다.

개는 호랑이보다 작다. 힘으로는 상대할 수 없다. 대신 민첩하고 집단적으로 공격한다. 개구멍이 없으면 호랑이가 마당에 들어왔을 때 도망칠 곳이 없다. 다른 개들끼리 모여서 호랑이와 맞설 수도 없다.

인간들은 이웃끼리 뭉쳐서 밤새워 보초를 서기도 했고, 마을로 들어오는 길목 곳곳에 함정이나 덫을 설치해 호랑이와 맞섰다.

한평생을 인간들에게 쫓겨 다니다가 늙어버린 호랑이들은 더욱 힘들다. 힘이 약하거나 늙은 호랑이일수록 선택의 폭이 좁아지기 때문이다.

"에라, 모르겠다! 이제 이판사판이다! 이래 죽으나 저래 죽으나 마찬가지 아닌가!"

그렇게 자포자기하는 심정으로 인간의 마을에 잠입해 소나 돼지를 노릴 수밖에 없었다.

호랑이들은 아무런 이유 없이 인간의 마을에 내려오는 것이 아니었다. 더 이상 갈 곳이 없어서, 살아남기 위한 최후의 수단으로 그런 선택을 한 것이다.

『조선왕조실록』에 17세기에 호환이 가장 심했다고 기록되어 있는 것은, 그러한 호랑이의 아픈 역사를 반영한 것이다. 쫓기고 쫓겨서 더 이상 갈 곳이 없는 호랑이들의 반발, 그리고 영역 다툼에서 밀려난 호랑이들의 반발이 극에 달했던 시기였다.

아낙네가 장에 가다가 호환을 당하기도 하고, 어린 소녀가 산 밑에서 나물을 캐다가 사라지기도 하고, 꼴(말이나 소에게 먹이는 풀)을

깊은 생각에 잠긴 호랑이, 국립민속박물관

조선 정부는 단순히 호환을 일으킨 호랑이를 응징하는 차원이 아니라 아예 그들을 멸종시키려
고 했다. 그런 인간들을 호랑이는 어떻게 생각했을까?

호렵도, 국립중앙박물관
깊은 산속까지 들어와서 호랑이를 공격하는 사냥
꾼들. 호랑이는 더 이상 달아날 곳이 없었다.

베던 소년이 사라지고, 논밭에서 일하던 농부들이 사라지기도 하고, 심지어 집 안에서 놀던 아이가 호랑이한테 물려가는 일도 있었다.

호랑이는 자신을 공격하는 사냥꾼과 일반인을 구별한다. 화살과 쇠뇌를 비롯해 총 같은 무기도 알고, 작대기만 들어도 겁을 낸다. 화약 냄새는 물론, 덫에서 풍기는 쇠붙이 냄새도 맡는다. 그만큼 사냥 나온 인간을 두려워한다. 그런 호랑이들이 인간을 공격하는 것은 정상적인 상황이 아니라는 뜻이다.

호랑이와의 전투는 한양을 비롯해 전국의 크고 작은 마을에서 깊은 산골짜기까지 확대되었다. 양측의 피해가 엄청났다.

조선 정부는 피해가 급속히 늘어나자 사람들을 닦달했다.

"호랑이 때문에 민심이 들끓고 있으니, 어서 호랑이를 잡아들여라."

"여름부터 가을까지 호환을 당해 죽은 사람이 140명에 이르는데, 대체 착호군은 뭘 하고 있단 말인가!"

아무리 닦달해도 착호군이 모든 호환을 해결하기에는 역부족이었다.

그러자 훈련도감에서 직접 호랑이 전투에 나섰다. 한양의 방어를 책임진 수도방위사령부나 다름없었던 훈련도감이 작성한 업무일지 『훈국등록』을 보면 호랑이 잡는 일에 병사들이 투입되었다고 한다.

그들에게도 역시 호랑이를 잡게 되면 큰 상금을 주었다. 그랬으니 훈련도감 병사들이 얼마나 적극적으로 호랑이와의 전투에 나섰을지 짐작할 수 있다.

그 시기에 가장 많은 호랑이가 죽어갔다. 굶어서 죽고, 인간들에게 죽고, 자기들끼리 영역 싸움을 하다 죽었다. 해마다 1,000마리 이상을 잡아도 그 개체 수가 유지되었던 호랑이였지만, 그때부터는 급속하게 줄어들었다.

호랑이가 아무리 저항해도 산속으로 밀려드는 인간들은 줄어들지 않았다. 임진왜란, 병자호란 같은 큰 전쟁이 일어난 뒤에는 그런 현상이 더욱 두드러졌다. 그러니 17세기 후반에는 산골이라고 해도 개간이 가능한 곳이 거의 사라졌다. 1688년 국가 업무를 논의하는 문반과 무반의 합의기구인 비변사 회의에서 "산골짜기 사이와 바닷가의 조그마한 토지도 모두 개간되어 실로 노는 땅이 없는 상태입니다" 하는 말이 나올 정도였다. 그만큼 호랑이의 땅도 줄어들었다.

이제 한반도는 더 이상 호랑이들이 살기 좋은 땅이 아니었다. 호랑이들에게는 저주의 땅으로 변해 갔다.

전염병으로 먹이가 되는
동물들까지 사라지다

조선시대 사람들이 호랑이보다 더 무서워했던 것이 마마라는 전염병이었다. 마마는 '천연두'라는 전염병을 상징하는 말인데, 보통은 임금을 비롯해 그의 가족과 관련된 사람들 뒤에 붙여 존대하는 호칭으로 쓴다.

요즘 전 세계가 '코로나'라는 전염병으로 몸살을 앓고 있다. 전 세계 모든 사람이 코로나를 거의 악마에 가깝게 표현한다. 그런데 코로나보다 사망률이 훨씬 높은 천연두를 마마라고

무신도 마마, 국립민속박물관
얼마나 전염병이 두려웠으면 왕처럼 '마마'라고 불렀을까? 여왕처럼 앉아 있는 여자는 천연두를 인격화한 것이다.

존대하면서 모셨으니, 요즘 상식으로는 이해할 수 없는 일이다.

천연두는 인류 역사상 가장 무서운 전염병이다. 지금까지 전 세계에서 일어난 전쟁으로 죽은 사람을 다 합쳐도 천연두로 죽은 사람보다 적다. 치사율은 30%가 넘고, 특히 어린아이일수록 치사율이 높다. 이 병에 걸리면 고열이 나고 덜덜덜 떨면서 마구 헛소리를 하는 탓에 조선 사람들은 천연두 귀신이 들어온 것이라고 생각했다. 치료약도 없는 무서운 전염병이라 어떻게 대처할 수도 없어 신으로 모실 수밖에 없었다.

> 아이가 병에 걸리지 않은 경우, 그들 역시 아이가 병에 걸린 집과 다를 바 없게 된다. 왜냐면 천연두 귀신이 화가 나서 무서운 재앙을 내릴지 모르기 때문이다. 부모는 천연두 귀신을 존경하면서 경배한다. 그리고 천연두 귀신과 작별을 고할 때 진수성찬을 차려 대접한다.

이사벨라 버드 비숍이 『한국과 그 이웃 나라들』에서 말했듯이, 어디선가 천연두가 돌기 시작하면 미리 마마신을 모셔다가 깍듯하게 대접하는 선제적 대응을 했다. 그래야 마마신이 분노하지 않는다고 생각했기 때문이다.

천연두만큼이나 두려워했던 또 다른 전염병은 홍역이다. 홍역 바이러스는 '우역 바이러스'의 변종이다. 우역 바이러스는 짝발굽을 가진 동물에게서 발생했는데, 신기하게도 인간에게 전염된 뒤에 홍역 바이러스로 변종되었다.

우역 바이러스는 수천 년 전부터 존재했지만, 인간이 대규모로 소를 키우면서 본격적으로 그 위력을 떨치기 시작했다.

17세기 초에 청나라는 만리장성을 넘어 명나라의 중원을 공략했다. 하필 그 시기에 우역 바이러스가 생겨났고, 조선과 청의 교통로를 따라 사람과 가축의 이동 속도에 버금갈 정도로 빠르게 퍼졌다.

당시 조선에서 키우던 소의 50%가 전염병으로 죽었다. 전염병의 치사율이 80~90%였다고 하니, 어느 정도로 치명적이었는지 알 수 있다.

중종 36년에는 여러 신하들이 왕에게 "평안도 소들이 거의 대부분 병으로 죽었고, 황해도 역시 마찬가지라고 합니다. 열 마리의 소를 키웠는데 모두 병들어 죽은 집도 있다고 합니다" 하며 대책을 세워야 한다고 말했지만, 특별한 대책이 있을 리가 없었다. 결국 집에서 키우던 소와 양, 돼지 같은 짝발굽을 가진 동물들이 떼죽음을 당하는 것을 지켜볼 뿐이었다.

야생동물이라고 무사할 리 없었다. 특히 무리를 지어 사는 사슴, 멧돼지, 노루, 산양 같은 동물들이 가장 큰 피해를 보았다. 불행하게도 짝발굽을 가진 동물들은 호랑이의 주된 먹이였으니 호랑이들도 "아, 이제 우리는 뭘 먹고 살란 말인가!" 하며 절망할 수밖에 없었다.

살아 있는 것들이 생명을 유지하기 위해서는 무엇인가를 먹어야만 한다. 갑작스럽게 한반도를 덮친 우역 바이러스는 호랑이의 식량인 사슴과 멧돼지를 전멸시켰다. 그러니 호랑이는 굶어서 죽고, 인간의 마을로 내려갔다가 사냥 당해 죽어갔다.

호렵도, 국립중앙박물관
사슴과 멧돼지를 사냥하는
사냥꾼. 멧돼지와 사슴이 떼
죽음을 당해 먹이사슬이 무
너지자 호랑이도 급속하게
줄어들었다.

　당연히 더 이상 호랑이를 잡는 것도 힘들어졌다. 그제야 정부는
군현별로 바치는 호피의 수를 1~2장으로 줄여주었고, 1724년에는
'호속목' 즉 '호랑이를 잡지 못하면 내야 하는 벌금'도 사라졌다. 영
조는 아예 호피 제도를 없애버렸다.

위험한 호랑이 책, 그 두 번째 이야기

이 세상에서 가장 많은 신화를 가진 호랑이 왕국의 멸망

서양 침략자들과 맞선
착호군

임진왜란(1592~1598) 전후로 사냥꾼들은 총으로 무장했다.

총! 인간을 가장 탐욕적인 동물로 만든 총! 총은 화살보다 비거리가 길고, 정확도와 파괴력도 뛰어나다. 총은 화살과 달리 가슴에 단 한 방만 맞아도 숨을 앗아가는 무기다. 게다가 소리는 어찌나 큰지, "탕!" 하고 화약이 폭발하는 소리가 골짜기를 흔들면 호랑이는 그 천둥 같은 소리에 놀라 달아났다.

총은 당시 착호군의 주력 무기였던 쇠뇌보다 살상력이 5배가량 높았다. 그렇게 인간의 무기는 무시무시하게 달라지고 있지만, 호랑이의 무기는 안타깝게도 변함이 없었다. 태초에 신이 주신 그대로 날카로운 이와 발톱만 가지고 인간들을 상대했다. 결과는 불 보듯 뻔했다.

총은 인간들에게 자신감을 갖고 호랑이와 맞서게 했다. 해마다 1,000마리 이상을 잡아도 줄어들지 않았던 호랑이가 급속하게 사

호렵도, 국립민속박물관

총이 등장하면서 호랑이 대 인간의 팽팽한 균형이 무너졌다. 총을 앞세운 인간은 더욱 공세적
으로 호랑이를 몰아붙였다.

라지게 된 데도 총이라는 무기가 결정적인 역할을 했다. 총이 아니고서는 그렇게 많은 호랑이를 죽일 수가 없다.

산포수들, 하버트 폰팅
사냥꾼이 사용하는 무기는 팔에 줄을 감아 매고 천천히 성냥불을 그어 붙여 사용하는 화승총이었다. 그래도 그 어떤 화살보다 강한 무기였다.

조선 후기로 접어들면서 서양 배들이 나타나기 시작했다. 조선 사람들은 서양 배를 보고 "저 배는 생김새가 이상하구나!" 하고 말했다. '이상하게 생긴 서양의 배'를 줄여서 이양선 또는 이단선, 황당선이라고도 불렀다. 18세기 중엽 영조시대부터 한반도 해안에 나타나는 이양선을 볼 때마다 조선 사람들은 두려움에 떨었고, 민심까지 동요하곤 했다.

1866년에는 프랑스 함대가 홍선대원군의 천주교 탄압에 항의하면서 강화도를 공격했다. 그것이 바로 '병인양요'다. 그로부터 몇 년 뒤인 1871년에는 미국의 함대가 조선을 개항시킬 목적으로 강화도를 공격했다. 그것을 '신미양요'라고 한다.

함대를 끌고 온 침략자들은 대포 몇 방만 쏘아대면 미개인들이나 다름없는 조선 군대가 놀라서 도망칠 줄 알았다. 마치 호랑이가 총소리에 놀라서 달아나듯이. 그런데 막상 붙어보니까 전혀 달랐다. 그들의 공격으로 수많은 조선인이 죽었으나, 그들도 엄청난 피해를 입었다. 침략자들에게 맞서 싸운 군인 중에는 놀랍게도 착호군이 있었다.

이양선

당시 최신형 전투함이었던 서양의 군함들은 중국과 일본 사이에 있는 조선 근해를 위협적으로 돌아다녔다.

유럽의 군대를 대적할 만한 정규군이 없는 그들은 프랑스 군을 대적하고자 평안도 호랑이 사냥꾼을 소집했다. 그들은 거의 모두가 궁수, 창수 그리고 구식 대포를 쏘는 사수로 구성되어 있었다. 적을 얕본 프랑스 군은 호랑이 사냥꾼들이 지키고 있던 요새를 날려보내려다가 오히려 대패했다.(병인양요)

1871년 미국 함대가 광성진포대를 공격했을 때 엄청난 포탄 세례를 받고도 끈덕지게 버틴 검은 얼굴의 적들이 보여준 용기에 미국 병사들은 놀라움을 감추지 못했다. 그들은 화승총과 창, 칼로 끝까지 함대에 맞서 싸웠다. 미국 사람들은 그 용감한 수비대에게 찬사를 보냈다.(신미양요)

이것은 100여 년 전에 미국인 윌리엄 E. 그리피스가 쓴 『은자의 나라 한국』에 나오는 글이다. 우리 역사책에서도 보기 힘든 사실이 한 이방인의 기록에 잘 드러나 있다.

신미양요가 끝난 뒤에 미군들은 "도대체 조선의 최정예 부대인 '호랑이 사냥꾼'의 정체가 뭐란 말인가?" 하고 착호군에 대해서 따로 조사했을 정도였다. 그들은 착호군을 'Tiger Hunter'라고 불렀다.

백호기, 국립고궁박물관
병인양요와 신미양요의 핵심 부대인 산포수들이 들고 다닌 깃발. 날개가 달리고 발톱으로 불을 뿜는 호랑이 신은 강력한 힘으로 산포수들을 지켜주고 위로해주었다.

신미양요 때 미군들이 한강포대에서 수거한 군대 깃발에는 특이하게도 '날개 달린 호랑이'가 그려져 있었다. 미군들은 그것을 보고서야 호랑이와 관련된 부대임을 깨달았다.

산포수들은 한때 자신이 총으로 쏘아서 쓰러트렸던 호랑이를 깃발에 모시고는 서양의 어마어마한 군대와 맞서 싸웠다.

그들은 왜 날개 달린 호랑이가 그려진 깃발 아래 뭉쳤을까? 산포수 부대는 왜 호랑이를 신으로 모셨을까?

봉오동전투 기념우표, 우정사업본부
1920년 독립전쟁 사상 최대의 승리로 기록된 봉오동전투의
주역은 산포수들이었다.

홍범도 탄생 150주년 기념우표, 우정사업본부
'날으는 장군', '백두산 호랑이' 같은 별명을 얻으며 일본군
을 괴롭힌 전설적인 독립운동가 홍범도.

봉오동전투, 청산리전투에서 일본군을 크게 괴롭힌 홍범도 장군도 착호군 출신이었다.

워낙 사격술이 좋아서 일찍부터 산포수로 활동해온 홍범도는 1907년 일본 총독부가 '총포와 화약류 단속법'을 시행하며 포수들의 총을 회수하려고 하자, 이에 반발하여 항일의병을 일으켰다. 총이 없으면 주업인 포수를 할 수 없기 때문이었다.

그는 만주로 가서 산포수로 구성된 독립군을 만들어 활동했는데, 이때도 산포수로 구성된 독립군들은 '날개 달린 호랑이' 깃발을 들고 다녔다.

어느새 호랑이는 그들의 수호신이 되어 있었다.

착호군이 사라지고
정호군이 만들어지다

1910년 한일합방이 되던 날, 살아남은 호랑이들은 밤새도록 환호성을 질렀을 것이다. 그럴 수밖에 없지 않은가. 500년간 자신들을 공격한 나라였으니까. 호랑이들은 자신들에게 우호적인 나라가 들어서기만을 바랐을지도 모른다. 호랑이 입장에서는 조선이든 일본이든 그게 중요한 게 아니라, 누가 자신들에게 더 우호적인가 하는 것이 중요할 테니까.

그런데 일본은 호랑이 이름부터 바꿨다. 호랑이는 영어로 '타이거Tiger'라고 하는데, '화살처럼 빠르다'는 뜻의 페르시아어에서 유래됐다. 호랑이는 시속 70킬로미터 이상으로 질주한다. 체구가 크기 때문에 속도감이 훨씬 더 빠르게 느껴져서 '타이거'라는 이름을 붙였다. 조선 사람들은 '범 호虎'를 따서 그냥 '범'이라고 불렀다. 큰범, 작은범, 새끼범, 표범.

나는 운 좋게도 우리나라 1세대 과학자인 어류학자 최기철

(1910~2002), 곤충학자 이승모(1925~2008), 조류학자 원병오(1929~2020)의 책을 쓰는 일에 관여했다. 그분들은 우리나라에서 불리는 각 동물들 명칭에 대한 아쉬움을 이야기했다.

"가령 '하늘소'라는 곤충이 있어요. 이것은 중국말 '천우天牛'를 그대로 번역해서 쓰는 것인데, 원래 우리나라에서는 '돌다래기'라고 했어요. 그 곤충은 다리의 힘이 강해서 자기 몸보다 무거운 돌멩이를 들어 올리거든요. 북한에서는 아직도 '돌다래기'라고 부르지요."

범우표, 2017년 북한 우표발행국
북한에서는 여전히 호랑이를 범이라고 부른다. 한국에서는 호랑이라는 말이 대세가 돼버렸다.

"남한에서는 굴뚝에서 산다 하여 '굴뚝새'라고 부르는데, 물론 틀린 건 아니지요. 근데 우리 조상들은 이 새를 '쥐새'라고 했어요. 주로 계곡이나 밭두렁, 돌 틈, 쥐구멍 같은 곳에서 살거든요. 생김새도 쥐랑 비슷해서 그러는데, 북한에서는 지금도 '쥐새'라고 해요."

이승모, 원병오 선생님은 그런 이야기를 자주 하셨다.

호랑이에 대한 이야기도 했다. 그분들은 공통적으로 그 명칭에 대해서 가장 안타까워했다. 원래 이름은 범이었으나 일본이 조선을 합병하자마자 '범 호虎' 자에다 '늑대 랑狼'을 결합시켜서 호랑이라고 부른 것이다.

호랑이들 입장에서 보면 더욱 불쾌한 이름이다. 범을 늑대와 같은 동물 또는 혼혈종으로 취급했다는 뜻이니까.

일본 총독부는 '해수구제'라는 명분으로 호랑이를 사냥하기 시작했다. 해수구제란 '해로운 동물을 없앤다'는 뜻으로, 조선 초기에 실시했던 '위민재해' 정책을 살짝 뒤틀어 표현한 것이다. 위민재해란 '백성을 위해서 해로운 것을 없앤다'는 뜻이니, 그 말이 그 말 아닌가.

1942년에 발행된 조선총독부 통계 연보에는 1915년부터 27년간 호랑이 97마리, 표범 624마리, 곰 1,039마리, 늑대 1,396마리를 잡았다고 기록되어 있다. 한 해 평균 호랑이 3.6마리, 표범 23마리를 잡은 셈이다.

그리피스가 쓴 『은자의 나라 한국』을 보면 원산항에서 한 해에 호랑이 가죽 500개 정도가 일본으로 팔려 갔다고 하니, 이게 사실이라면 한반도에 제법 호랑이가 살고 있었다는 뜻이다. 호피 제도가 사라지고 우역 바이러스도 사라졌으니 호랑이 역시 조금씩 늘어났을 것이다. 행동반경이 넓은 호랑이는 삶의 환경만 좋아지면 단기간 내에 늘어날 수 있다. 멀리 만주와 시베리아에 사는 호랑이들이 이주해오기 때문이다.

구한말에는 호랑이를 잡더라도 그 가죽을 왕에게 바치지 않아도 되는 상황이었다. 누구나 호랑이를 잡기만 하면 돈벼락을 맞는 것이니, 호랑이 흔적만 보여도 기를 쓰고 잡으려고 했다. 산포수들은 물론 외국인들까지 조선에 와서 호랑이 사냥에 나섰으니, 한 해에 500장 가까운 호피가 시장에 나오게 되었을 것이다.

어쨌든 조금씩 개체수를 회복해가던 호랑이는 그런 사냥꾼들 때문에 거의 멸종 단계로 접어들었다. 한일합방 이후 정호군이 호랑이

조선인 산포수 최순원과 정호군 대장, 야마모토 다다사부로

야마모토는 호랑이를 사냥한 조선인 포수에게 엄청난 포상금을 지급해 호랑이 사냥 욕구를 자극하고 자신에게 충성하게 했다.

소탕 작전에 나서도 잡히는 것은 고작 한 해에 4마리 정도에 지나지 않았다.

당시 억만장자였던 사업가 야마모토 다다사부로는 어마어마한 돈을 풀어 호랑이 사냥 부대를 만들었다. 그는 조선에 착호군이 있었다는 사실을 알아내고는 그와 비슷한 흉내를 냈다.

"정호군征虎軍이라고 이름 붙이면 되겠군. 정호군도 착호군처럼 호랑이를 잡는 군대라는 뜻이니까!"

그렇게 부대 이름을 붙이고, 8개 부대로 편성했다. 정호군은 정식 군대는 아니지만 총독부의 지원을 받아 정식 군대처럼 활동했다.

그들은 전라도부터 함경도까지 거의 모든 지역으로 파견되어 호

| 이 세상에서 가장 많은 신화를 가진 호랑이 형국의 땅, 땅

랑이 소탕 작전을 펼쳤다. 게다가 자동차를 비롯해 기차까지 지원받았고, 현장에서는 수천 명의 조선인 몰이꾼을 동원할 수 있었다. 그러니 착호군보다 더 강력한 군대가 된 셈이다.

야마모토는 호랑이와의 전투에서 승리하기 위해서는 반드시 조선인 산포수들이 필요하다고 생각했다. 그리하여 그는 돈을 앞세워 조선인 산포수들을 대거 영입했다. 당시 내로라하는 조선의 산포수들이 정호군으로 몰려들었다. 산포수들은 호랑이 개체 수가 찾아볼 수도 없을 만큼 줄었다는 것을 잘 알면서도 호랑이에 대한 소중함은 전혀 생각하지 않았다. 그들에게 호랑이란 단지 생계를 유지하는 수단일 뿐이었다.

인간들은 죽은 호랑이를 앞에 두고 사진을 찍었다. 호랑이들은 그런 사진을 볼 때마다 분노할 것이다. 처참하게 죽은 자신들의 시신을 놓고 저렇게 기념 촬영을 하는 인간들을 정상적인 생명체라고 생각하겠는가. 입장을 바꿔서 생각해보라. 반대로 사냥한 인간 위에 걸터앉아서 기념 촬영을 하는 호랑이의 사진을 본다면, 분명 인간들은 끔찍하다고 분노하지 않겠는가.

모든 사건은 그런 것이다. 어떤 입장에서 바라보는가, 누구의 관점

정호군에게 사살된 아기 호랑이, 일본 도시샤 고등학교
아기 호랑이를 '개호지'라고 불렀다. 개호지는 '삵'을 의미하는데, '가짜 호랑이'라는 뜻이다.

에서 바라보는가에 따라서 달라진다.

나도 그런 사진을 보면 소름이 돋는다. 때론 내가 인간이라는 것이 부끄럽다.

내 고향은 호랑이가 많기로 유명한 전라남도 영광군과 함평군에 걸쳐 있는 불갑산의 한 자락이다. 그 덕에 어린 시절, 마을 어른들로부터 정호군에 대한 이야기를 많이 들었다. 그들이 우리 마을 뒷산을 훑고 간 적이 있기 때문이다. 정호군 앞잡이로 고용된 사람들 중에서는 당당하게 "나는 평생 산포수로 살아왔소. 그러니 호랑이에 대해서는 모르는 게 없지. 나는 어느 산 어디에 호랑이가 사는지, 암컷이 어디에 새끼를 낳는지도 다 알고 있소" 하는 식으로 자랑하는 사람들이 여럿 있었다고 한다.

당시 조선에서 가장 유명했다는 강용근이라는 산포수도 정호군에 참여했는데, 그는 호랑이를 100여 마리 잡은 경력을 가지고 있었다. 그 정도의 산포수들은 결코 가난했다고 볼 수도 없다. 산포수들이 속칭 먹고살기 위해서, 가난해서 정호군에 참여했다는 것은 그저 변명일 수 있다.

산포수들은 호랑이를 잡아서 야마모토에게 바치고 거액을 받아 팔자를 고치고 싶다는 열망 하나만으로 눈빛이 이글이글 타올랐다. 야마모토는 이런 산포수들의 심리를 이용해 경쟁을 붙였다.

"이 포수는 벌써 호랑이를 한 마리 잡았는데, 강 포수 당신은 호랑이를 100마리나 잡았다면서 왜 아직도 못 잡는가?"

산포수들은 눈에 불을 켜고 호랑이를 잡으려고 했다. 호랑이를

정호군 소속 산포수들, 야마모토 다다사부로
조선시대 착호군이 '착호인'이나 '심종장' 같은 산포수들을 고용했고, 정호
군도 산포수들을 직접 고용해서 강력한 부대를 만들었다.

잡지 못한 산포수들 중에는 자존심이 상해서 "호랑이 한 마리를 잡기 전에는 내려가지 않을 테야!" 하고는 산에서 내려오지 않는 경우도 있었다.

특히 강용근과 같이 정호군으로 활동한 이윤회는 몰이 방법을 써서 하루에 꿩 100마리 이상을 잡은 적도 있다 하니, 이들 손에 죽어간 야생동물이 얼마나 많을지 상상할 수 있다.

그들은 정호군뿐만 아니라 다른 외국인들이 사냥할 때도 가장 먼저 섭외가 들어오는 사람들이었다. 고용된 산포수들은 수단과 방법을 안 가리고 호랑이를 잡아서 야마모토에게 바치고 싶어 했다. 그러다 보니 호랑이뿐만 아니라 눈에 보이는 모든 야생동물을 다 사살했다.

그야말로 한반도에 살고 있는 야생동물 초토화 작전이었다.

정호군이 호랑이의 씨를 말리고 있는데도 사람들은 그들을 열렬하게 환영하고 지지했다. 이 얘기도 마을 어른한테 들은 것인데, 정호군이 사냥한 것들을 수레나 차에 싣고 지나가면 온 마을 사람들이 몰려 나와 환영했다고 한다. 정호군은 주로 기차역을 이용했는데, 사냥을 마치고 역으로 가면 근처에는 그들을 환영하기 위해 동원된 학생들이 질서정연하게 서 있었다. 그 외에도 자발적으로 모여든 수많은 구경꾼이 정호군을 향해 박수 치고 만세까지 불렀다고 한다.

이는 호랑이에 대한 조선인들의 생각이 어땠는지 짐작할 수 있는 대목이다. 조선은 500년간 백성들에게 '호랑이는 인간에게 해로운 동물이요, 악의 무리이니 반드시 이 세상에서 사라질 때까지 싸워야 한다'고 강요해왔다. 세금으로 호피를 걷기도 했고, 호피를 바치면 벼슬을 주기도 했다. 산에서 사람이 죽으면 모두 호랑이 짓으로 몰아갔다. 조상 대대로 그렇게 살아왔으니 일본인들이 호랑이를 멸종시키려고 해도 반대하지 않았고, 오히려 박수 치고 환영하는 어처구니없는 사태가 벌어진 것이다.

정호군은 조선호텔에서 자신들이 사냥한 야생동물을 재료로 한 온갖 음식으로 시식회를 했다. 당연히 총독부의 정무총감(총독)을 비롯해 경성의 귀빈 120명이 초대받았고, 일본의 수많은 언론이 대대적으로 보도했다. 이때 모두의 관심을 끈 요리가 있었다. '호랑이

고기를 채소와 함께 양주를 넣어 익힌 요리'였다. 참석자들은 호랑
이 고기가 향기롭고 담백하다면서 최고의 평점을 부여했고, 자신들
도 기회가 되면 호랑이 사냥에 참여하고 싶다는 말을 주고받았다.

조선호텔에서 행한 시식회가 아주 좋은 반응을 얻자, 정호군은 일
본으로 이동해서 또 한 번의 대대적인 야생동물 시식회를 열었다.

도쿄 제국호텔에서 열린 야생동물 시식회에서도 단연 인기를 끈
것은 호랑이 요리였다. 이 자리에는 당시 일본의 정치인들을 비롯
해 육군 대장 같은 군인, 사업가, 문인 등 일본의 거의 모든 명사들
이 참여했다.

도쿄 제국호텔 내부는 대나무밭으로 꾸몄고, 박제된 호랑이와 표
범, 곰, 노루 같은 야생동물을 배치했다. 참석자들은 함경남도에서

제국호텔에서 열린 호랑이 시식회, 야마모토 다다사부로
일본 사회의 유력 인사가 대거 참석해 조선 산포수들이 사냥한 호랑이 고기를 즐기고 있다.

잡힌 호랑이를 푹 익혀서 토마토케첩으로 차갑게 처리한 음식을 먹고 "음, 이건 신이 내린 맛이다!"라는 찬사를 보냈다. 호랑이들에 게는 참으로 굴욕스런 날이었다. 더구나 그날 행사를 주관한 야마 모토는 시식회의 인사말에서 이렇게 말했다.

"……자, 이쯤에서 참석하신 모든 분들의 건강을 기원하는 건배 를 하겠습니다. 술을 받으시면 한 번에 마셔주시고 혹시 몇 방울이 남았다면 호랑이를 위해서도 건배를 부탁드립니다. 그렇게 해주신 다면, 호랑이 또한 사후의 영광으로서 감사의 뜻을 표할 것이 틀림 없습니다."

죽은 호랑이를 위해서도 건배를 한다, 그리하면 죽은 호랑이들이 영광스러워하며 감사의 뜻을 표한다. 이런 망언이 또 어디 있으랴.

야마모토는 임진왜란 때 조선을 침공해 호랑이를 사냥한 일본인 장수 가토 기요마사(1562~1611)와는 달리 일본 땅이 된 조선에서 호 랑이를 잡아왔음을 강조하며 제국주의를 고취시켰다.

이 모든 과정은 일본 언론을 통해 대대적으로 보도되었다. 정호 군이 호랑이 사냥을 나서는 길에도 일본인 기자가 19명이나 따라 다니면서 호랑이가 죽어갈 때마다 사진을 찍고 생생하게 현장 상 황을 보도했다.

호랑이 등에 탄
조선인 천만장자

일제강점기 때 망치 하나로 천만장자가 된 유명 인사 최창학은 본래 평안북도에서 가난한 농부의 아들로 태어났다. 별다른 교육도 받지 못했던 그는 일찍이 보따리장수를 하면서 전국을 돌아다녔다.

여기저기 돌아다니면서 세상 물정에 눈을 뜬 최창학은 20대 초반부터 금맥

호랑이 등에 올라탄 최창학, 개인 소장
사냥한 호랑이 등에 탄 최창학. 호랑이를 통해 조선 최고의 갑부가 된 자신의 존재를 과시하고 있다.

을 찾아 나섰다. 그러다가 고향에서 금맥을 발견해 인생 역전의 발판을 마련했고, 이후 승승장구하여 엄청난 부자의 대열에 올랐다.

최창학은 탄광 사업을 하면서 틈만 나면 호랑이를 사냥했다. 그리고 자신이 쏘아 죽인 호랑이 등에 올라타서 은근히 자신이 세상의 영웅임을 과시했다.

사진의 죽은 호랑이를 자세히 보면 어렴풋이 눈을 뜨고 있다. 마치 살아 있는 것처럼 일부러 연출했다. 호랑이를 서 있게 하려고 가슴과 배 부분에 커다란 돌멩이 같은 것을 갖다 놓았다. 그런 다음 그 위에 올라탄 것이다. 가난한 농민의 아들로 태어났지만 온 세상이 우러러보는 갑부가 된 것을 그런 식으로 과시하려고 했는지도 모른다.

옛날에는 호랑이를 탄다는 것은 신이 아니고서는 불가능했다. 사냥한 호랑이라고 해도 등에 탈 생각은 전혀 하지 못했다. 그것은 신에 대한 모독이었다. 감히 누가 그런 생각을 한단 말인가. 호랑이를 사냥하면 산신에게 동서남북으로 큰절을 올린 다음 사체를 들고 내려갔다.

그런데 최창학은 당당하게 호랑이 등에 탄 것이다. 그만큼 세상에 대한 자신감이 넘치고, 신조차 두려워하지 않는다는 뜻이다. 온

무신도, 국립민속박물관
호랑이는 산신령이나 다름없는 존재였다. 그러니 산신령 외에는 그 누구도 등에 태우지 않는다.

천하가 자신의 성공을 찬양하고 우러러보는 판에 그깟 산신령이 문제가 되겠는가. 조선의 왕들도 두려워해서 온갖 군대를 만들어 멸종시키려고 했던 호랑이를 자신이 사냥해 타고 있으니, 어찌 보면 왕보다 더 대단한 존재라고 생각했을지도 모른다.

이렇게 호랑이는 사라져 가면서 엉뚱하게도 인간들 사이에서 절대 권력이나 명예, 부 그리고 영웅의 상징으로 변해 갔다. 사실 호랑이는 절대 권력자가 아니다. 그런 상징적인 의미는 인간들이 만들어낸 것으로, 호랑이의 뜻하고는 전혀 관련이 없다.

조선이 망한 이후에도 호피 값은 계속 치솟았다. 호피 값은 1936년 시세로 한 장에 1,000엔에서 1만 5,000엔까지 치솟았다. 호피는 주로 일본의 상류층이 구입해서 조선시대 양반들처럼 방석이나 옷을 만드는 데 사용했다.

지금도 호피는 전 세계에서 거래되고 있다. 러시아에서는 야생 호랑이 가죽이 3만 달러도 넘게 거래된 적이 있다고 하니, 세상은 그때나 지금이나 변한 것이 없어 보인다.

1921년 10월, 추석을 며칠 앞둔 어느 날이다.

경주 대덕산에서 한 나무꾼이 호랑이의 공격을 받아 크게 다쳤다. 나무꾼은 갑자기 뒤에서 덮친 호랑이 때문에 쓰러져 정신을 잃었다. 다행히도 지게가 호랑이의 공격을 어느 정도 막아주었다. 호랑이가 사라지고 나서야 마을 사람들에게 구조된 나무꾼은 병원으로 옮겨져서 간신히 목숨을 건졌다.

가짜 영웅 미야케, 개인 소장
대덕산에서 조선인 산포수가 잡은
호랑이를 자신이 잡은 것처럼 포즈
를 취하고 있는 일본 순사 미야케.

　일본 순사들이 조선인 산포수와 몰이꾼들을 동원해 호랑이 사냥
에 나섰다. 그 호랑이는 나무꾼을 공격하고 나서도 근처를 떠나지
않고 있었다. 수십 마리의 개와 수백 명의 몰이꾼이 동원됐으니 호
랑이는 도망갈 곳이 없었다. 호랑이는 2미터가 넘는 소나무 위로
뛰어오르면서 포위망을 뚫고 달아나려고 했다.

　그때 노련한 조선인 산포수가 총을 겨누었다. 총에 맞은 호랑이
는 공중으로 솟구쳐 올랐다가 떨어졌다. 암소만 한 호랑이였다.

　미야케라는 일본 순사는 축 늘어진 호랑이 꼬리를 보고 "죽었다.
어서 주재소로 들고 가자"라고 했다. 그러자 산포수와 몰이꾼들이
근처에서 나무를 구해 와 호랑이 사지를 묶어 운반했는데, 그 몸집
이 어찌나 컸던지 12명이 번갈아가면서 힘을 써야 했을 정도였다.

일본 순사들은 주재소에 도착하자마자 백정을 동원해서 호랑이 배를 가르고 가죽을 벗겨냈다. 호랑이 배 속에서는 작은 송아지 머리와 인간의 머리카락 그리고 반지가 나왔다.

그것을 본 인간들은 "이 호랑이는 사람의 피 맛을 아는 호랑이입니다. 이런 놈은 죽을 때까지 사람들만 잡아먹습니다!" 하고 분노하면서 부들부들 몸을 떨었다. 당시 현장에 있던 모든 사람이 그 말에 동조했고, 지금도 한국 사람들 대부분이 그 말을 믿는다.

참으로 황당한 괴담이다. 호랑이가 특정 동물의 맛을 안다는 주장은 전혀 근거가 없다. 호랑이는 주로 노루나 사슴, 멧돼지를 사냥했는데 이는 피 맛 때문이 아니라 그들의 개체 수가 많았기 때문이다. 더구나 그 호랑이는 송아지까지 잡아먹은 후라 아주 배가 부른 상태였다. 그런데도 나무꾼을 공격했다는 것은 인간에 대한 아픈 기억이 있다는 뜻이다.

대부분의 호랑이는 인간과 마주치면 놀라서 뒤로 물러선다고 한다. 아주 배가 고플 때나 인간에 대한 나쁜 기억이 있는 경우가 아니라면 인간을 공격하는 일은 거의 없다.

그렇다면 나무꾼을 공격한 호랑이에 대해 상상해보자. 그 호랑이는 사냥꾼들에게 수차례 쫓기며 공격을 받았고, 그의 가족들도 다 사냥꾼에게 죽었을 것이다. 그러지 않고서야 배가 부른 상태에서 인간을 공격할 리가 없다.

그런 호랑이를 사냥했으니, 미야케 순사는 크게 고무되었다. 미야케는 마치 자신이 호랑이를 잡은 것처럼 기념사진을 찍고, 당시 경주를 방문한 적십자 총재에게 호랑이 가죽을 충성의 표시로 바쳤다.

그 이야기는 언론에 떠들썩하게 소개되었고, 초등학교 국어 교과서에도 수록되었다.

어느 해, 경성에서 일본 적십자사 조선본부총회가 열렸습니다. 총재이신 칸인노미야 전하는 총회에 참석하고 일본으로 돌아가는 길에 경주를 둘러보기로 하였습니다.

이때였습니다. 주재소에 "오늘 아침 대덕산에서 우리 아이가 호랑이 때문에 큰 상처를 입었습니다."라는 신고가 접수되었습니다. 미야케 순사는 그 사실을 확인하고는 "전하가 통과하시는데 빨리 위험한 그것을 막지 않으면 안 된다." 하고 결심했습니다. (…)

몰이꾼이 산중턱에 이르렀을 때 한 발의 총성이 울렸습니다. 호랑이는 사냥꾼들 사이를 빠져나가 맞은편 골짜기로 달아났습니다. 미야케 순사는 호랑이를 겨냥하려 했으나 너무 빨라서 쉽지 않았습니다. 호랑이는 건너편 산등성이를 달리기 시작했습니다.

미야케 순사는 이때를 놓치지 않고 총을 쏘았습니다. 호랑이는 앞발이 꺾이더니 땅으로 쓰러졌습니다. 명중한 것입니다. 총알은 호랑이 목에서 입 안을 통과해 오른쪽 송곳니를 부러뜨렸습니다.

호랑이를 주재소로 옮겼습니다. 모여든 사람들이 순사의 활약을 칭찬하자 "나는 어디를 어떻게 겨냥해서 쏘았는지 하나도 기억나지 않습니다. 단지 전하가 이곳으로 행차하시는데, 만약 이 호랑이를 쏘지 못하면 전하께 송구스러운 마음으로 살았을 것입니다." 하고 말했습니다.

초등학생용 국어독본, 국립중앙도서관

『국어독본』은 초등학생에 게 국어 교육을 하기 위해서 만들어진 교과서다. 위 이야 기는 6권 제7부에 '호랑이 사냥'이라는 제목으로 수록 되었다.

이 호랑이 가죽은 전하에게 기념품으로 드 렸다고 합니다.

교과서에 수록된 이야기는 그렇게 왜곡 되었다.

뭐 황당하기는 하지만 그런 일이야 조선 시대에도 비일비재했다. 신분이 낮은 사람 이 잡은 호랑이를 적당히 가로채서 자신이 잡은 것처럼 보고해 높은 벼슬을 받는 일 도 많았다. 어쨌든 그렇게 해서 새로운 영 웅이 만들어졌다.

학교에 간 조선의 수많은 학생은 가짜 영웅인 일본인 순사 이야기를 들으면서도 호랑이가 불쌍하다는 생 각은 하지 못했다. 호랑이는 나쁜 동물이라고 생각했기 때문이다.

섬에서 살아간 호랑이

내 친구들 중에는 섬을 고향으로 둔 친구가 여럿인데, 어쩌다가 호랑이 이야기가 나오면 서로 경쟁하듯이 자기네 마을 뒷산에도 호랑이가 살았다고 말한다.

지금 당장 신안군 어느 섬에 들어가서 아무나 붙잡고 "옛날에 여기도 호랑이가 살았을까요?" 하고 물어보라. 대부분이 확신에 찬 어조로 "그럼요. 밤마다 저 산봉우리에서 파랗게 불을 켜고, 이 산 저 산 오가면서 살았지요" 하고 대답할 것이다.

한국 사람들은 갯과 동물은 헤엄을 잘 치고, 고양잇과 동물은 물을 싫어해 헤엄을 치지 못한다고 생각한다. 내 주위에 있는 작가 중에서도 그런 생각을 하는 이들이 많다.

"정말요, 정말 호랑이가 물을 좋아해요? 헤엄도 잘 친다고요? 설마요!"

"나도 고양이는 물을 싫어하고 헤엄을 못 친다고 알고 있는

데……. 우리 학교 다닐 때『은혜 갚은 개와 고양이』라는 동화가 있었잖아요. 어느 농부가 개와 고양이를 기르면서 살았는데, 강 건너편에 사는 욕심쟁이가 농부의 소중한 물건을 훔쳐가지요. 그러자 개가 고양이를 등에 태우고 강을 건너가요. 고양이가 몰래 그 욕심쟁이네 집에 가서 농부의 물건을 되찾아오자, 개가 다시 고양이를 태우고 온다는 이야기지요."

"맞아요. 나도 기억나네요."

이런 식으로 대부분의 사람들이 잘못된 편견을 갖고 있다.

야생 고양이는 헤엄을 잘 친다. 삵이나 스라소니를 비롯해 표범이나 호랑이도 물을 좋아한다. 그들은 무시로 강이나 바다를 건너다녔다.

외국인에게 고용된 조선인 포수가 잡은 호랑이, 포드 바클레이
조선시대 말부터 돈 많은 서양의 사냥꾼들이 전 세계를 누비고 다녔다. 영국인 바클레이도 그런 사냥꾼이었고, 조선에 와서 산포수들을 고용해 호랑이를 사냥했다.

호랑이의 삶은 강을 건너고 바다를 건너는 것이 일상이었다. 『조선왕조실록』이나 『승정원일기』에서도 강화도, 황해도 철도와 강령, 전라도 진도와 순천 등 여러 섬에 있는 말 목장에 호랑이가 나타났다는 기록이 나온다. 특히 한강 하류에 있는 강화 같은 섬에는 호랑이가 아주 많았다. 조선 정부는 그런 호랑이를 잡기 위해 군대를 동원해서 사냥했다.

그러나 조선 호랑이에 대한 책이 한 권도 없는 처지이다 보니, 한국인들은 호랑이가 헤엄친다는 사실조차 모르고 있었다. 아무리 섬 사람들이 호랑이가 섬에 살았다고 해도 대부분의 한국인은 믿지 않았다.

이 사실을 증명해준 사람은 1900년대 초에 조선에 와 사냥을 한 영국인 포드 바클레이다. 바클레이는 저서 『만주의 호랑이』라는 책에 자신이 조선에서 사냥한 이야기를 짧게 수록했는데, 진도에서 호랑이를 사냥한 이야기를 비교적 자세히 적어놓았다.

> 내가 경험한 가장 성공적인 사냥은, 한반도의 남서쪽에 위치한 목포라는 개항장에서 30마일(48킬로미터) 정도 떨어진 곳에 있는 진도에서 한 사냥이다.
>
> 진도와 본토 사이의 바다는 해류가 거세서 큰 배를 타고 30분 정도 걸려야만 건널 수가 있다. 하지만 호랑이들은 이 거센 조류에 잘 맞서 왔다.
>
> 나는 마을 사람들에게 호랑이의 흔적에 관한 정확한 정보를 제공해주면 후하게 보상하겠다고 알렸다. 주민들 반응은 예상보다 뜨거웠다.

나는 그곳에 제법 큰 수컷과 암컷 호랑이 한 마리씩, 그리고 세 살 먹은 암컷 두 마리가 살고 있다는 믿을 만한 정보를 얻었다. 그리고 산 포수와 몰이꾼을 동원하여 사냥에 나섰다.

두 마리는 사냥에 나선 지 이틀 만에 잡을 수 있었으나, 나머지 두 마리는 해안가로부터 12마일(19킬로미터)이나 떨어진 지점으로 달아났다.

다음 날 아침, 본토하고 가까운 개펄에서 도망친 호랑이 두 마리의 흔적이 발견되었다.

나는 겨울이기 때문에 호랑이가 바다를 건너지 못했을 것으로 판단하여 10일 정도 추적을 계속했지만, 그사이에 새로운 흔적은 발견할 수 없었다.

3주 뒤, 진도에서 호랑이 두 마리가 발견되었다는 소식을 들었다. 산포수들을 동원하여 추적했으나 발견할 수 없었다. 일주일 뒤, 발자국이 본토 방향의 개펄에 남아 있었다.

바다를 건너 본토로 이동했다는 뜻이다.

이 사냥꾼의 기록은 호랑이가 물과 친숙한 동물임을 말해주는 증거고, 당시 다른 섬에도 호랑이가 살았음을 추측하게 한다.

일본에서도 가끔 죽은 호랑이가 해안가에서 발견되기도 했다. 바클레이가 사냥했던 1914년 초에도 일본의 해안가에서 죽은 호랑이가 발견되었는데, 아마도 섬 사이를 헤엄쳐서 이동하던 호랑이가 강한 조류에 밀려 일본으로 흘러갔을 가능성이 높다.

아무리 헤엄을 잘 치는 호랑이여도 바다를 건너는 것은 늘 목숨

석산필 죽호도, 국립중앙박물관

인가 주위에 있는 대나무 숲만큼 완벽하게 자신을 숨길 수 있는 곳은 드물다. 그래서 호랑이는
대나무 숲을 아주 좋아했다.

을 걸어야 하는 일이다. 그러니 얼마나 많은 호랑이가 바다를 건너다가 죽어갔겠는가. 그런 위험을 무릅쓰고 바다를 건너갔을 때는 그만큼 사정이 절박했다는 뜻이다.

대표적인 경우가 우역 바이러스까지 엄습해 사슴과 멧돼지들이 거의 절멸하다시피 죽어갔을 때다. 이때 호랑이는 섬으로 눈길을 돌렸다. 섬은 우역 바이러스의 영향이 거의 없었기 때문이다. 그러나 그것은 목숨을 걸어야만 하는 모험이었다.

당시 진도를 비롯해 신안군에 있는 수많은 섬에는 사슴과 멧돼지들이 많았다. 그러니 호랑이들에게는 충분히 목숨을 걸고 건너갈 만한 땅이었다.

진도에서 마지막으로 호랑이가 잡힌 것은 1921년으로, 바클레이가 사냥했던 1914년으로부터 7년 뒤다.

진도 성동부락에 사는 한 농부는 새벽녘에 잠에서 깨어났다. 농부는 밤새도록 개가 짖어대는 바람에 한숨도 자지 못했다.

"저놈이 왜 이렇게 짖어대지?"

화가 난 농부가 밖으로 나가서 뒤란 대나무 숲을 본 순간, 깜짝 놀라고 말았다. 대나무 숲에 호랑이가 있었기 때문이다.

호랑이는 인가 주위에 오면 꼭 대나무 숲으로 숨었다. 일본의 사업가 야마모토가 제국호텔에서 호랑이 고기 시식회를 할 때도 호랑이가 대밭을 좋아한다는 이유로 주변을 온통 대밭처럼 꾸몄다.

대나무 숲은 호랑이가 숨기에 좋기는 하지만, 또한 포위되기도 쉬운 장소다. 나무가 너무 촘촘해서 몸이 큰 호랑이가 얼른 달아날

대나무숲 서옥도, 국립중앙박물관
대나무는 사철 푸르러서 영원함 혹은 군자의 상징이었다. 우리나라에서는 대나무를 집 보호수로 심었다. 그 나무 자체가 아늑한 숲이 되어주고, 강한 바람과 나쁜 기운을 막아주었다. 작은 야생동물의 보금자리가 되기도 하여, 인간의 집에서 다른 동물을 배려하는 여백이 되기도 했다. 실제 남도의 대나무숲은 위 그림보다 훨씬 깊고 빽빽해서 호랑이도 숨어들 수 있다.

수가 없기 때문이다. 이 호랑이도 마찬가지였다.

농부는 마을 사람들에게 대나무 숲에 호랑이가 있다고 소리쳤고, 곧 수십 명의 사람이 모여들었다. 옛날 사람들은 누군가 "불이야!" 하고 소리치면 본능적으로 양동이 같은 불 끄는 도구를 갖고 모여들었고, "범이 나타났다!" 하면 호랑이하고 싸울 수 있는 몽둥이나 삽 같은 것을 들고 모여들었다.

모인 사람들은 호랑이를 보고는 겁을 냈다. 괜히 잘못 건드렸다가 다칠 수 있으므로 호랑이를 쫓아내기로 했다. 그래서 사람들은 소리를 지르고 징이나 꽹과리를 두들겼다.

그 정도 했으면 호랑이가 달아나야 하거늘, 이놈은 오히려 겁을 먹은 채 달아나지 못했다. 힘센 장정들이 삽이나 몽둥이를 들고 대나무 숲으로 들어가도 호랑이는 얼빠진 것처럼 웅크린 채 가만히 있었다. 어쩌면 사냥꾼에게 총을 맞아 부상당한 호랑이였거나, 병들어서 더 이상 사냥을 할 수 없는 상태였는지도 모른다.

사람들은 호랑이와 전투하기 위해서 대나무로 죽창을 만들었다. 그리고 죽창 끝에다 닭을 한 마리 끼워 넣었다. 맨 앞에 선 사람이 그것으로 호랑이 입을 건드리자 녀석이 크게 고함을 쳤는데, 그 순간 사람들이 함성을 지르면서 달려들어 호랑이를 마구 찔러 죽였다. 호랑이는 제대로 저항도 해보지 못하고 죽어갔다.

한국에 유일하게 남아 있는 호랑이

전라남도 목포 유달초등학교에는 오래된 호랑이 표본이 하나 있다. 다소 털빛이 바래 백호처럼 보이지만, 실은 보통 호랑이다.

그 호랑이가 죽은 곳은 우리 마을에서 멀지 않았다.

1908년 2월 눈 오는 어느 날, 전남 영광 불갑산 어느 기슭에 사는 한 농부가 눈 위에 찍힌 호랑이 발자국을 발견했다. 농부는 호랑이 발자국이 이어진 곳에 함정을 팠다. 당시 대부분의 농부들이 그랬다. 그의 조상들도 그랬다. 조선 정부가 세뇌시킨 강력한 호랑이 토벌 정책은 수백 년이 흐른 뒤 거

한국에 남아 있는 유일한 조선 호랑이 표본,
목포 유달초등학교
100여 년 전 우리 땅에서 죽어간 호랑이의 표본이
남도의 한 학교에 있다. 한국에 남아 있지만, 그것
을 알고 있는 사람은 극히 드물다.

의 본능처럼 백성들의 뇌에 자리했고, 나라가 바뀐 이후로도 변함이 없었다. 게다가 잡히기만 하면 대박이었으니까.

며칠 뒤, 그 함정에 빠져 있는 호랑이를 본 농부는 "범이 함정에 빠졌다! 범을 잡았다!" 하고 소리쳤다. 그러자 사람들은 쇠스랑이나 낫, 창, 몽둥이 등 무기가 될 만한 것들을 들고 모여들었다. 농부들은 호랑이를 저마다 준비한 무기로 내리치고 찔러서 제압했다.

그 호랑이는 암컷이었고, 나이는 열 살 안팎이었다. 몸무게는 약 180킬로그램으로 추정된다.

만약 카메라가 있었다면 승리 기념으로 사진이라도 찍었을 테지만, 가난한 농부들에게는 그런 것이 없었다. 대신 그들은 담배를 한 대씩 말아 피우면서 승리의 기쁨을 만끽했다.

농부들은 그 호랑이를 어떻게 할 것인지 의논했다. 그러던 중 누군가 "이걸 목포로 가져가서 일본인들에게 팔면 엄청난 돈을 벌 수 있을 것이오!" 하고 말한 것에 따르기로 했다.

그때는 차도 없었으니 호랑이를 운반하기란 보통 일이 아니었다. 목포까지의 거리가 거의 80킬로미터가 넘었기 때문에 더욱더 힘든 일이었다.

그들은 우여곡절 끝에 목포 일본인들이 사는 신시가지에 도착했다. 당연히 사람들이 몰려들었다. 신문 기자와 경찰들도 나타났다. 농부들이 들고 온 호랑이를 본 일본 경찰서장은 순간적으로 욕심이 생겨서 "이놈들, 어서 바른대로 말해라. 이 호랑이를 총으로 쏴서 잡았지? 그 총은 어디서 났느냐? 어서 바른대로 말해라. 바른대로 말하면 용서해주고, 그렇지 않으면 엄벌에 처하겠다!" 하고 협박을 했다.

당시 총기 사용은 불법이었기 때문에 경찰서장은 그 호랑이를 뺏기 위해 농부들을 불법 총기 사용으로 몰아가려고 했다. 농부들은 당황하면서 그게 아니라고 했다.

그러자 호랑이를 탐내는 다른 일본인들도 불갑산 농민들을 몰아세웠다.

"우리가 지난달에 불갑산으로 들어가서 호랑이 사냥을 했는데, 그때 우리가 쏜 총에 맞고 달아난 호랑이가 있었소. 저놈들이 가져온 호랑이는 우리가 쏜 총을 맞고 죽은 호랑이가 분명합니다. 이놈들, 주인이 있는 호랑이를 몰래 팔려고 하다니! 네놈들은 딱 걸렸다!"

농민들은 황당해서 말문이 막혔다. 대박은커녕 잘못하다가는 쇠고랑을 찰 신세였다. 농민들은 절대 총을 쓰지 않았고, 주운 호랑이도 아니라고 강하게 반발했다.

경찰들이 죽은 호랑이를 정밀하게 감식해보니 총 맞은 자국은 없

기념사진을 찍는 일본 순사들, 엔도 키미오
당시 조선의 치안을 담당했던 순사들은 호랑이가 나타났다는 신고를 받으면 근처 산포수와 몰이꾼들을 동원해 호랑이를 사냥했다.

조선 호랑이 표본, 일본 도시샤 고등학교
목포 유달초등학교에 보관 중인 표본과는 달리 거의 완벽하게 보존되어 있는 조선 호랑이. 마치 살아서 움직이는 것 같다.

고, 대나무 창 같은 것에 무참히 찔리고 몽둥이로 얻어맞은 자국만 발견됐다. 그러니 그 호랑이를 가로챌 수가 없었다.

우여곡절 끝에 길거리에서 즉석 경매가 시작되었다. 여러 사람이 달려들어 입찰금을 제시했지만, 결국 하라구치라는 일본 사업가가 낙찰을 받았다. 그 사람은 호랑이를 즉시 기부할 뜻을 보였다.

"호랑이를 학교에 기증하겠습니다!"

누구든지 호랑이 가죽을 사면 과시하듯이 집안에 펼쳐놓거나 깔개로 이용하고 싶어 했던 시절이었다. 마음만 먹으면 호랑이 가죽을 비롯해 고기, 뼈 등을 더 비싸게 팔 수도 있었다. 하지만 그는 생각이 달랐다. 호랑이가 머지않아 멸종될 것이라고 예상했고, 그래서 후손들에게 가죽이라도 물려주어야 한다고 생각했던 것이다.

부끄럽게도 당시 조선인 중에서는 그런 사고를 하는 사람이 없었다. 그저 호랑이는 타도의 대상이었을 뿐이다. 그런데 일본의 한 젊은 실업가가 호랑이의 가치를 알아보고 구입해 후손을 위해 남겨두기로 한 것이다.

하라구치는 그 호랑이를 소금에 절여 일본으로 가져간 뒤에 200원을 들여 박제 처리한 다음 목포로 가져왔다. 그리고는 당시 목포 야마테 소학교(현 목포 유달초등학교)에 기증했다.

농부들은 비싼 값에 호랑이를 팔았다고 좋아하면서 서둘러 고향으로 돌아갔다. 마을에서는 잔치가 열렸다. 200만 원은 당시 논 50마지기 값이었다고 하니까, 정말 어마어마한 돈이었다.

그 일본인 덕분에 조선 호랑이의 박제품이 남아 있다. 참으로 부끄러운 일이다. 그리고 지금은 그 박제의 소유권을 두고 지방자치단체들이 다투고 있다니, 그 호랑이가 저승에서 뭐라고 할까? 그것을 학교에 기증한 일본인은 뭐라고 할까?

호랑이의 멸종
그리고 88올림픽

1930년대를 넘어서자 호랑이는 한 해에 한두 마리 정도밖에 잡히지 않았다. 산포수들이 전국의 산과 바닷가를 뒤지고 다녀도 호랑이 흔적을 발견하기가 쉽지 않았다. 1940년 함경북도에서 잡힌 호랑이를 끝으로 한반도에서는 더 이상 호랑이가 발견되지 않았다.

물론 이것은 인간의 통계에 의한 것이고, 실은 그 뒤로도 호랑이는 살아 있었다. 수십 마리의 호랑이들이 인간의 눈을 피해 깊은 산속으로 숨어들었던 것이다.

그때 또 다른 비극이 발생했다. 한국전쟁이다. 한국전쟁은 호랑이들에게 차원이 다른 비극이었다. 어마어마한 포탄과 총을 쏘아댔는데, 특히 비행기에서 쏟아내는 포탄은 땅에서 살아가는 모든 생물이 피할 수 없는 것이었다. 군인들이 '언제부터 언제까지 포탄을 쏠 테니 그곳에 사는 동물들은 모두 이동하라'고 사전에 통보할 리도 없다. 그렇게 아무런 죄도 없는 호랑이들은 날벼락처럼 떨어지는 대포에 맞아 죽어갔다. 결국 한국전쟁은 호랑이들에게 최후의 일격을 가한 셈이다. 물론 전쟁 뒤에도 곳곳에서 호랑이를 봤다는 목격담이 전해지고 있기는 하지만, 정확하게 확인할 수 있는 근거는 남아 있지 않다.

나의 어린 시절만 해도 학교에 가면 호랑이 이야기를 가장 많이 했다. 간밤에 어느 산에서 호랑이가 내려왔고 무슨 동물을 물어갔다는 둥 온갖 이야기들이 화젯거리였다. 그때는 그 말을 다 믿었다.

나는 조선시대에 살지도 않았는데, 호랑이 대처법을 어른들한테 배웠다.

"호랑이가 가장 무서워하는 것은 불이야. 그러니까 깊은 산에 갈 때는 꼭 불을 가져가야 하고, 소하고 같이 있을 때는 소를 믿고 소 옆으로 붙으면 돼."

실제로 우리는 산에 갈 때 횃불이나 성냥 같은 것을 꼭 가지고 다녔다. 그만큼 호랑이의 존재를 사실로 받아들였다. 그러니까 나는 호랑이를 신으로 믿고 살아온 거의 마지막 세대다.

아랫집 형은 산에 갔다가 우연히 어떤 동물이 잡아놓은 산토끼를 발견해 들고 와서는 "이것은 호랑이 신이 우리 동생한테 약으로 주라고 잡아둔 거다" 하고 말하기도 했다. 당시 그 형의 동생은 알 수 없는 병으로 힘들게 싣고 있었디. 우린 그 형의 말을 전혀 의심하지 않았다.

나는 이 글을 쓰면서도 수많은 사람을 만났다. 그분들은 대부분이 한국전쟁 이후에도 호랑이가 살았다고 확신했다. 심지어 아직

『한국 사람 그리고 그들의 문화』THE KOREANS AND THEIR CULTURE』, Cornelius Osgood

1950년대에 이 책을 쓴 미국 예일대 교수가 한국에 왔을 때는 호랑이를 거의 찾아볼 수 없었다. 그런데도 한국을 '호랑이의 나라'라고 한 것은, 그만큼 호랑이 이야기가 많이 남아 있기 때문이었다.

『조선동화집』, 국립민속박물관

옛이야기에 나오는 호랑이는 다양한 배우의 모습이었다. 때로는 못된 악당, 때로는 착한 바보, 때로는 정의의 수호신 등. 한국의 아이들은 그런 호랑이 이야기를 들으면서 성장했다.

도 호랑이가 살아 있다고 확신하는 사람도 있었다. 그들은 밤에 산에서 파란 불빛을 보면 무조건 호랑이라고 확신했고, 산에서 죽은 노루나 멧돼지가 뜯어 먹힌 흔적이 있으면 "이건 호랑이 짓입니다!" 하고 확신했다. 그만큼 호랑이라는 존재는 한국 사람들의 뇌 속에 깊숙이 들어와 있다는 뜻이다.

어린아이들은 유독 호랑이를 좋아한다. 옛날이야기에는 호랑이 이야기가 가장 많이 나왔고, 조선시대 말부터 발행된 동화책에도 단연 호랑이가 주인공이었다. '과연 호랑이 없이 한국의 고전문학이 존재할 수 있을까?' 하는 생각이 들 정도다.

그러니 어린이들은 은근히 그 용맹스러운 호랑이가 어딘가에 살고 있기를 바라기도 했고, 동물원에서도 호랑이가 가장 큰 인기를 끌었다. 내가 어렸을 때만 해도 어른이든 아이든 동물원에 가면 가장 먼저 호랑이를 보러 갔다. 동물원은 호랑이 덕분에 유지된다는 소리가 나올 정도였다.

그러니 한국에서 처음 열린 서울올림픽에서 호랑이가 마스코트로 선정된 것은 당연한 일이었다. 누구도 다른 목소리를 내지 않았다. 한국 하면 호랑이가 떠올랐고, 다른 동물로 대체한다는 것은 불가능했다. 하지만 그런 속사정을 모르는 외국 기자들 눈에는 잘 이해가 되지 않았다.

"아니, 올림픽 마스코트가 호랑이라고요? 그렇게 큰 동물이 한국을 대표한단 말입니까? 그렇다면 한국에 가면 호랑이를 볼 수 있겠네요? 어느 국립공원에 가야 볼 수 있습니까?"

그런 질문을 받은 사람들은 얼마나 당황했을까?

맹호도, 서울올림픽 포스터, 국립민속박물관
1988년 서울올림픽을 기점으로 한국 사람들은 새삼 자신들의 땅에서 살았던 호랑이를 다시
생각하게 되었다.

참으로 부끄러운 일이다. 이 땅에는 호랑이가 한 마리도 남아 있
지 않은데……. 이곳에 사는 이들은 호랑이를 가장 좋아한다고 하
니 말이다.

사실 호랑이들은 1988년 서울올림픽에서 마스코트로 선정된 것
을 조금도 기뻐하지 않을지 모른다. '호돌이'라는 이상한 이름을 달
고 인간들 앞에 나서서 광대짓을 하는 것도 못마땅하게 생각하지
않을까.

"대체 무슨 권
리로 우리를 인
간들 잔치의 마
스코트로 선정
한 것인가요?
우린 한반도에

서울올림픽 마스코트 호돌이,
국민체육진흥공단
진심으로 호랑이의 역사를
이해하고, 이제라도 조선 호
랑이를 복원해 같이 살고자
하는 생각의 변화가 없는 한
저런 마스코트는 인간들의
눈요깃일 뿐이다. 그 이상
의 의미는 없다.

서 살아오면서 수백 년 동안 인간들에게 탄압받았어요. 그것에 대한 진지한 사과나 반성 한마디 없이, 어느 날 갑자기 마치 호랑이와 인간들이 사이좋게 살아온 것처럼 포장하고 떠들어대는 것에 대해 분노합니다.”

그래서 2017년 한국 정부가 실시한 ‘내가 가장 좋아하는 우리 생물 101 대국민투표’ 결과 호랑이가 압도적으로 1위를 차지했다는 소식을 듣고도 전혀 기뻐하지 않았을 것이다.

“우리는 한국 사람들을 이해할 수 없어요. 왜 호랑이를 좋아할까요? 한때는 이 땅에서 몰아내야 할 악마처럼 대했으면서요. 그리움 때문인가요? 이제 볼 수 없으니까 그리워하는 건가요? 우리는 한국 사람들이 진정으로 호랑이를 바라보고 이해해주기를 바랍니다. 그런 것이 선행돼야만 비로소 친구가 될 수 있지 않을까요?”

평창에서 치러진 동계올림픽에서도 호랑이는 마스코트가 되어

**평창올림픽 마스코트 수호랑,
국민체육진흥공단**

올림픽이 열릴 때마다 한국인들은 호랑이가 마치 한국을 대표하는 동물인 것처럼 떠들어댔다. 그러나 정작 한국인 중에서 조선 호랑이가 어떻게 살아왔는지, 어떻게 해서 멸종되었는지 아는 사람은 드물다. 그러니까 한국인들은 진심으로 호랑이를 좋아하지 않는 것인지도 모른다.

또 한 번 한국을 상징하는 동물로 나서야 했다. 이번에는 백호였다.

백호는 종이 다른 호랑이가 아니다. 어쩌다 한 번씩 돌연변이처럼 태어나는데, 우성이 아니고 열성이다. 백호는 완벽하게 보호색을 갖춘 일반 호랑이에 비해 눈에 잘 띄었고, 그 희귀성 때문에 더욱 쉽게 사냥꾼들의 표적이 되었다. 만약 조선시대에 백호를 잡아서 왕에게 바쳤다면 높은 벼슬을 받았을 것이다. 그 가죽은 일반 호랑이의 것보다 몇 배나 비싸게 팔릴 정도로 귀했으니까. 그런 대접을 받은 백호가 사람들을 좋아할 리 있겠는가.

평창올림픽 마스코트를 보면 백호가 아이처럼 해맑게 웃고 있다. 그것이 인간이 억지로 꾸며낸 거짓 상징이 되지 않게 하려면, 이제라도 조선 호랑이의 역사를 알고 진심으로 그들에게 사죄해야 한다.

그리고 호랑이의 입장에서 지나온 시간을 되돌아보고, 그들도 이 땅에서 살아온 소중한 생명체였다는 사실을 인정하며 존중해주어야 한다. 그들의 이미지를 복원해 이 땅에서—동물원이 아닌 일정한 땅을 그들에게 돌려주어—자유롭게 살도록 해주어야 한다. 그럴 때 우리의 미래가 있다.

나는 몇 년 전에 탈북자들과 2박 3일 정도 어느 연수원에서 시간

을 보낸 적이 있다. 나보다 서너 살 아래인 한 탈북자가 불쑥 호랑이에 대해서 관심이 있냐고 물었다. 한국 사람이 호랑이에게 관심이 없을 수가 있겠는가.

그의 입에서는 놀라운 말이 나왔다. 자신이 북한에 있었을 때, 누군가가 잡은 호랑이를 몰래 중국으로 가지고 가서 팔았다는 것이다. 그것도 한국 사람에게 팔았다고 했다.

"북에서는 호랑이가 로또입니다. 물론 호랑이를 잡으면 최고지도자 동지한테 바쳐야 하지만, 그래 봤자 상금도 얼마 없고 해서 대부분은 중국으로 밀매합니다. 그러니 겨울철이 되면 남자들은 호랑이 잡으려고 그 발자국만 쫓아다닙니다. 아직도 북에는 호랑이가 제법 있습니다."

그 말을 듣고 한동안 멍했다. 처음에는 거짓말이라고 생각했는데, 너무 구체적으로 말하는 그의 말을 믿을 수밖에 없었다. 그러면서 아직까지도 인간들에게 무차별하게 사냥당하고 있는 호랑이의 신세가 너무 가련했다.

신은 왜 호랑이에게 그토록 가혹한 운명을 주었을까.

호랑이 연하우표, 우정사업본부
한국과 북한에서는 끊임없이 호랑이를 자신들의 상징물로 이용하려고 하지만, 정작 호랑이의 생태나 호랑이 역사 교육은 하지 않는다. 이세라도 역사책에서 조선이 어떻게 호랑이를 말살시키려고 했는지 교육해야 한다. 호피 공납제며 착호갑사를 인간의 관점이 아니라 호랑이의 관점에서 생각할 수 있도록 해야 한다. 그래야 이런 기념우표가 더 의미 있을 것이다.

위험한 호랑이 책, 그 세 번째 이야기

영원한 2인자 표범의 쓸쓸한 최후

예쁜 표범은
범의 마누라다

옛날 사람들은 호랑이와 표범을 같은 동물이라고 생각했다. 심지어 산포수들 사이에서도 견해가 엇갈렸다. 어떤 사람이 "내가 분명히 새끼 젖을 물리고 있는 범의 암컷을 봤는데, 수컷 범이랑 똑같이 생겼어. 그러니까 표범은 범의 마누라가 아니란 말이지" 하고 말하면 다른 산포수는 고개를 흔들었다.

"그건 자네가 착각한 거야. 나도 새끼를 품고 있는 범의 암컷을 봤는데, 영락없는 표범이었네. 그러니까 표범은 범의 마누라일세."

조선시대 내내 그런 의견이 팽팽하게 맞섰다.

서로 다른 동물이라고 하기에는 비슷하게 생긴 게 사실이다. 그러니 상대적으로 작고 예쁘게 생긴 표범을 범의 마누라라고 생각한 것은 그리 놀랄 일이 아니다.

내가 어렸을 때도 어른들은 호랑이와 표범을 같은 동물이라고 했

**표범 가죽으로 만들어진 양탄자, 1952년 미국 잡지
『라이프』, 조계종 신도회**

조선시대에는 호랑이는 왕, 표범은 여왕을 상징했
다. 표범 가죽 48개를 이어 붙인 이 대형 양탄자는
명성황후가 사용했던 것으로 추정된다.

다. 지금처럼 호랑이에 대한 정보
가 다양하지 않았던 시절이었다.

"범 색시는 얼마나 예쁜지 몰라.
누런 몸에 검은 꽃무늬가 점점이
박혀 있잖아? 그러니 사람 색시보
다 더 예쁘지. 근데 가끔씩 못생긴
마누라를 얻은 범이 예쁜 사람 색
시를 보면 샘이 나서 업어 가기도
한단다. 자기 작은 마누라 삼으려
고……."

우리들은 마을 어른들의 이야기
를 그대로 받아들였다.

그렇게 인간들은 표범을 호랑이
색시 취급했지만, 정작 당사자는 늘 호랑이들한테 눌려 사는 영원
한 2인자였다. 호랑이는 표범에 대한 라이벌 의식이 강해서 눈에
띄기만 하면 가만두지 않았다. 호랑이 체구가 압도적으로 크기 때
문에 표범 입장에서는 당해낼 수 없었다.

표범이 나무를 잘 타는 것은 순전히 호랑이 때문이다. 호랑이도
나무를 타지만 표범처럼 높은 곳까지 올라갈 수는 없다. 몸무게의
한계를 나뭇가지가 버텨낼 수 없는데, 그런 나무의 한계가 또 다른
생명체의 삶을 지켜준 셈이다.

원래 표범은 그냥 '표'라고 불렀지만, 범과 비슷하게 생겼기 때문

에 자연스럽게 '표+범=표범'이라고 부르게 된 것이다. 또는 '작은 범', '꽃범', '돈범'이라고도 불렸다.

표범은 적응력이 호랑이보다 훨씬 더 강해서 아시아부터 유럽은 물론, 아프리카에서도 잘 적응해 살고 있다. 또한 호랑이보다 위장술이 뛰어나고 사냥 기술도 더 뛰어나다. 들쥐처럼 작은 동물부터 멧돼지처럼 큰 동물까지 다 사냥하고, 심지어 나무 꼭대기에 집을 짓고 사는 까치도 사냥한다.

한반도에 많은 온갖 뱀들도 표범이 좋아하는 먹잇감이다. 그래서 표범은 호랑이보다 더 오랫동안 살아남을 수 있었다.

어락도, 국립민속박물관
옛 그림을 보면 호랑이와 표범이 부부로 나오는 경우가 많다. 호랑이에 비해 작고 예쁘게 생긴 표범을 호랑이의 아내라고 생각한 것이다.

용호도, 국립중앙박물관
어린 호랑이가 어미인 표범의 등에 올라타면서 온갖 재롱을 부리고 있다. 이 그림만 보면 호랑
이와 표범은 같은 종이라는 생각이 든다.

표범과 호랑이가
결혼해서 낳은 수호

민화 「작호도」는 내가 어린 시절에 많이 본 그림이다. 나는 그때도 그림 속 호랑이가 꼭 혼혈 같다는 생각을 자주 했다.

만약 호랑이나 표범이 이 그림을 보면 거의 동시에 "이게 뭐야! 저건 호랑이도 아니잖아!", "우리 표범도 아니야! 왜 우리를 이따위로 그려놨어!" 하고 반응할 것이다.

등과 발은 호랑이 무늬가 물결치지만, 꼬리와 이마에는 표범 무늬가 새겨져 있다. 세상에 이런 동물이 있을까? 표범과 호랑이의 혼혈이라면 모르겠지만, 아직까지 그런 동물은 발견되지 않았다.

혹시 호랑이와 표범이 결혼한다면 이런 후손이 나올까?

한때 나는 '야생화 지방어 사전'을 만들기 위해서 전국을 돌아다닌 적이 있었다. 그때 남도의 어느 모정에서 만난 할머니와 이러저러한 이야기를 나누던 중에 호랑이 이야기가 나왔다. 할머니가 호

작호도, 경기대박물관
어린 시절에는 이런 호랑이 그림을 보고 정말로 호랑이 꼬리에 동그란 무늬가 있는 줄 알았다.
어른들은 호랑이가 자유롭게 변장을 하기 때문에 털 무늬가 자주 바뀐다고 했다.

랑이 마누라인 표범은 성질
이 참 순하고 예쁘다고 하시
기에 "표범의 어떤 부분이 예
쁩니까?" 하고 물었더니 망설
이지 않고 "꼬랑이지요!"라고
대답하셨다. 다른 분들도 거
의 비슷했다. 심지어 표범의
아름다운 꼬리를 샘낸 호랑
이가 꼬리를 바꿔 달기도 했
다는 이야기까지 했다. 그 말
을 듣고 보니 표범의 꼬리가
더욱 아름다워 보였다.

산을 내려오는 표범, 최북, 호림박물관
자신의 멋진 꼬리를 자랑하듯이 흔들면서 내
려오는 표범. 옛 그림 속에 나오는 호랑이는 표
범의 꼬리를 한 경우가 많다.

어렸을 때, 어른들에게 호랑이와 표범이 결혼했다는 이야기를 들
은 적이 있냐고 물으면 많은 분들이 고개를 끄덕였다. 주로 호랑이
수컷이랑 표범 암컷이 결혼하는데, 그 후손을 '수호'라고 부른다는
것이다. 호랑이와 표범 사이에서 태어난 수호는 체구가 표범보다
훨씬 크고, 몸 곳곳에 표범 무늬가 섞여 있다고 한다.

수호는 100년에 한 번 나올까 말까 할 정도로 귀한 동물이라고
한다. 그래서 조선시대에는 수호를 잡으면 무조건 왕에게 바쳤다.
그것은 백호 가죽과 더불어 최고의 호피였으며, 가장 큰 상금을 받
을 수 있는 것이었다.

어떤 할아버지는 당신의 사촌 형이 산포수였다고 하면서, 수호가

일제강점기에는 제법 있었을 것이라고 했다. 무슨 뜻이냐고 묻자 이런 답이 돌아왔다.

"아, 조선시대에 범이 많이 살았을 적에는, 수컷 범들이 암컷을 찾지 못하는 경우가 거의 없었지. 하지만 일제강점기에는 범이 많지 않아서 암컷을 만나지 못하고 죽는 수컷도 많았을 거야. 그런 수컷들이 표범 암컷을 만나면 짝짓기를 하려고 했을 것이고, 그래서 상대적으로 수호를 많이 낳았을 거라 이 말이다."

우리는 그 말을 들으면서 그럴 듯하다고 생각했다.

일제강점기에는 호랑이의 삶이 완전히 무너진 상태였기 때문에 정상적으로 후손을 낳을 수 있는 상태가 아니었을 수도 있다. 그러니까 호랑이 수컷은 암컷을 만날 수 없는 상황에서 차선책으로 표범 암컷에게 구애하여 결혼했을 것이고, 그렇게 생겨난 수호가 다른 때보다 많았을 것이라는 추측이었다. 어린 시절 사랑방 야담으로 들은 이야기가 얼마나 신빙성이 있는지는 모른다. 어쨌든 정호군의 사냥 기록을 보면 수호를 사냥했다는 이야기가 나온다.

정호군이 사냥한 '수호'를 보면 당시 동네 어른들한테 들었던 이야기와 다르다. 꼬리가 보통 표

정호군이 사냥한 수호, 야마모토 다다사부로
사진에 나타난 표범은 보통 표범보다 꼬리가 훨씬 굵다. 산포수들은 그런 꼬리를 보고 표범과 호랑이의 혼혈종임을 알아냈다고 한다.

범에 비해서 굵고 체구가 조금 더 클 뿐이다. 그 밖에 다른 특징은 없다.

내가 동네 어른들에게 들은 수호는 꼬리와 얼굴에 표범 무늬가 있고, 등허리에는 호랑이 무늬가 있다고 했다. 우리 민화에 나오는 것처럼 호랑이와 표범의 특징이 섞여 있다고 했는데, 정호군이 사냥한 수호는 전혀 그렇지 않았다. 그러니 실제로 사진 속의 표범에게 호랑이의 피가 흐르고 있는지는 확인할 수 없다.

한국전쟁 이후에도
표범은 살고 있었는데

아무튼 표범은 정호군의 탄압에도 살아남았다. 이미 호랑이는 멸종 단계였지만 표범은 특유의 위장술과 나무 타기로 숱한 사냥개를 따돌릴 수 있었다.

조선총독부에서 조사한 통계를 보면 1919년부터 1942년까지 624마리의 표범이 잡혔다. 통계에 잡히지 않은 것들도 많을 테니까, 약 1,000마리 정도가 죽어갔다고 볼 수 있다.

일본인들도 표범을 호랑이와 똑같이 생각하고 사냥했지만, 호랑이보다는 낮은 등급으로 평가했다. 그러나 사냥한 표범을 볼 때마다 그 아름다운 자태에 감탄했다.

현재 일본의 도시야 중학교에 있는 조선 표범의 박제가 유일하게 남은 조선 표범이다. 이는 조선에서 잡아간 표범을 박제해 학생 교육용으로 학교에 기증한 것이다. 일본에는 표범이라는 동물이 없었으니 얼마나 귀중한 자료가 되었을지 짐작할 수 있다.

조선 표범, 일본 도시야 중학교
무늬가 아름다워서 양탄자나 커튼으로 많이 이용되었던 표범 가죽은 호랑이 가죽보다 더 비싸게 팔리기도 했다. 박제된 것이지만 조선 산하를 마음껏 뛰어가고 있는 듯하다.

　우리 땅에서 살았던 친구나 다름없는 생명체이거늘, 정작 우리는 볼 수 없다. 우리가 그것을 지키지 못했기 때문이다. 우리가 그것의 소중함을 너무 늦게 알았기 때문이다. 아쉽지만 그것의 가치를 먼저 알아본 사람들은 침략자들이었다.

　이 표범의 표본을 보면 꼬리의 모양이 생태적으로 아주 자연스럽다. 표범이 걸어갈 때는 저렇게 꼬리를 늘어트린다는 뜻이다.

　표범은 일제강점기의 엄청난 탄압에도 꿋꿋하게 살아남았다. 그러나 한국전쟁은 표범에게도 큰 시련을 안겨주었다.

　내가 '야생화 지방어 사전'을 만들기 위해 돌아다닐 때 만난 어떤 어르신은 당신이 표범을 직접 보았다고 했다. 한국전쟁 때 지게부대였던 당신이 산길을 이동하는데, 갑자기 소나무 위에서 튀어나

지게부대, 국가기록원
한국전쟁에 동원되었던 민간인 출신 지게부대. 이들은 표범이 사
는 험한 골짜기까지 각종 무기를 지고 이동했다.

온 표범의 공격을 받았다는 것이다. 갑작스러운 일이라 어찌해볼
틈도 없이 쓰러졌지만, 다행히 지게가 표범의 공격을 막아주었다
고 했다. 달아난 표범은 다리를 절고 있었다.

　나중에 부대로 돌아와서 이야기를 들어보니 그 표범은 군인들이
몇 번이나 총으로 쏘았지만 죽지 않은 놈이었다. 그래서 사람을 보
면 마구 공격한다는 것이다. 그 말이 사실이라면 분노의 복수를 하
고 있는 셈이었다. 그러면서 그분은 한국전쟁 때 총에 맞아 죽은 표
범이 제법 발견되었다고 했다. 특히 밤에 양쪽이 대치하고 있을 때
파란 불을 켠 것이 바스락거리면 무조건 총을 발사했기 때문에 얼
마나 많은 표범이 죽어갔을지는 예상조차 할 수 없다고 덧붙였다.

　전쟁이 터지면 어린이와 여자들이 가장 큰 희생자가 되지만, 야
생동물도 만만치 않은 피해를 입는다. 심지어 전쟁은 야생동물과
상관없는 인간들의 싸움이다. 야생동물은 그런 인간들의 싸움으로

모든 것을 잃는다.

한국전쟁은 표범들 입장에서 보면 최악의 상황이었다. 태초부터 그들은 한반도 남쪽 끝에서 북쪽 끝까지 자유롭게 오르락내리락하면서 살았다. 그런데 자기들끼리 싸우던 인간들이 어느 날 반도의 허리를 막아버렸으니, 다른 생명체들은 어찌 살란 말인가.

어쩌다가 남쪽에 남게 된 표범들은 고립되었다.

내가 어린 시절을 보냈던 1970년대만 해도 표범을 목격한 사람들이 많았다. 겨울철에는 대형 고양잇과 동물의 발자국을 그리 어렵지 않게 발견할 수 있었는데, 지금 생각해보면 그것은 호랑이가 아니라 표범이었을 가능성이 아주 높다.

사실 인간들이 그때라도 표범의 가치를 알아보고 보호했다면, 지금쯤 한국은 표범의 나라로 알려졌을 것이다. 공장을 지어 온갖 공해를 유발하면서 자동차를 만들어 팔지 않아도 그들이 알아서 먹여 살렸을 것이다.

다른 생명체와 함께 살아간다는 것은 서로 다름을 인정하는 것이다. 그만큼 다양한 생명체가 어울려 살아가면 우리의 미래는 건강해진다.

안타깝게도 그런 생각을 하는 사람은 거의 없었다. 표범의 가죽과 고기 그리고 뼈들은 여전히 고가에 암거래가 되었고, 누구나 표범을 잡아도 처벌되지 않았다. 그래서 농부들은 겨울만 되면 근처 산에다 덫을 놓거나 함정을 파놓는 일을 그만두지 않았다.

농부가 땅을 파서 만든 호랑이 사냥용 덫, 『경향신문』
이렇게 얼마 남지 않은 표범이나 호랑이는 농부들이 설치한 덫이나 함정에 빠져서 죽어갔다.

　1960년에는 경상도 정족산 깊은 골짜기에서 두 명의 산포수가
표범을 잡았다.

　그들은 두 마리의 표범을 발견하고는 추격에 나섰다. 이들은 표
범이 자주 지나다니는 길목에 잠복했다가 총으로 상대를 제압하려
고 했으나, 표범들도 호락호락하지 않았다. 쐈다 하면 백발백중
의 명중률을 자랑하던 포수의 총이 빗나가자 표범들은 분노의 눈빛
으로 공격을 해왔다. 이 소용돌이 속에 포수 한 명이 팔에 치명적인
상처를 입었으나 포기하지 않고 총을 쏘아 한 마리를 쓰러트렸다.

　그렇게 죽음을 무릅쓰고 표범과 전투를 했으니 조선시대였다면
왕이 직접 포상을 하고 높은 벼슬을 주었을지도 모른다.

　간신히 살아남은 다른 표범은 밤마다 소리를 질러대면서 죽은 동

료를 찾아다녔다. 어쩌면 사랑하는 애
인을 잃었을 수도 있고, 형제를 잃었을
수도 있다. 조금만 입장을 바꿔서 생
각해보면 표범의 슬픔을 이해할 수 있
을 것이다. 표범이 생각하는 사랑이나
인간이 생각하는 사랑이나 그 무게는
다 같다. 표범이 생각하는 가족이나
인간이 생각하는 가족이나 다 같다.

방아재에서 잡힌 표범, 개인소장
방아재에서 사냥꾼들에게 쫓겨다니다가 죽은
표범. 그렇게 한 마리씩 표범이 사라졌지만 아
무도 그 존재적 가치를 알지 못했다.

　표범이 하도 밤마다 괴성을 지르는
통에 근처 마을 주민들은 공포에 떨었고, 어서 그 표범을 잡아달라
고 관청에 끊임없이 민원을 넣었다. 당연히 관청에서는 포수들을
동원해 표범을 잡으려고 추적에 나섰다. 극도로 예민한 표범들은
사람이 접근하는 소리만 들리면 어디론가 달아나버렸다.

　경상도 합천군 삼가면과 진주시 미천면 사이에는 방아재라는 유
명한 고개가 있다. 그곳은 옛날부터 호랑이가 자주 나타나는 곳이
었기 때문에, 사람들은 낮에도 무리를 지어 지나가야 했다.
　그런데 어느 날부턴가 방아재를 넘던 사람들이 표범 소리에 놀라
서 쫓기듯이 내려오는 일이 잦아졌다. 특이하게도 그 표범은 낮에
도 나타나서 사람들을 위협하고 으르렁거렸다.
　위협을 느낀 사람들이 관청에다 표범을 잡아달라고 민원을 넣었
다. 관청에서는 경찰과 포수들을 동원해 표범 사냥에 나섰다. 경찰
은 인근에서 가장 유명한 수십 명의 포수들을 고용했다.

표범은 사람이 나타나면 바람처럼 사라져버렸다. 아무리 경험 많은 포수를 데려와도 추적할 수가 없었다. 표범은 포수들이 사라지면 역시 괴성을 지르며 고개를 넘어가는 사람들을 위협했다.

포수들은 추격만 해서는 표범을 잡을 수 없다고 판단하고 산속에 잠복했다. 하루, 이틀, 사흘, 나흘…… 꼼짝도 하지 않고 표범이 나타나길 기다렸다. 포수들이 움직이지 않자 표범은 다시 그 방아재로 가서 울부짖었다.

"탕! 탕! 탕!"

총소리와 함께 표범은 천둥처럼 울부짖으며 쓰러졌다. 그 표범은 틀림없이 정족산 골짜기에서 가족이나 짝을 잃고 방황하는 녀석이었을 것이다.

호렵도, 국립중앙박물관
한국전쟁 이후에는 호환을 당했다는 기록이 없는데도 인간은 표범 발자국만 발견되어도 추적해 쏘아 죽였다. 아름다운 표범이 이 땅에서 살고 있다면 얼마나 좋을까?

창경원에서 쓸쓸하게
생을 마감하다

올가미는 쇠줄을 동그랗게 만들어 동물이 다니는 길목에 묶어두는 사냥 장치다.

어린 시절, 나는 어른들의 행동을 어깨너머로 보고는 수많은 올가미로 야생동물을 괴롭혔다. 돌이켜보면 참으로 부끄럽다. 사죄할 수만 있다면 내가 놓은 올가미에 죽어간 숱한 야생동물들에게 고개를 숙이고 용서를 빌고 싶다. 종종 반 농담조로 이런 말을 한다.

"저는 이다음에 죽어서 틀림없이 지옥에 갈 겁니다. 어릴 때 하도 많은 동물을 죽여서요."

그 말은 내 진심이다. 왜 그랬는지는 몰라도 나는 산에 가서 뛰어다니는 것, 작은 토끼 똥과 족제비 똥을 찾아 쫓아다니는 것을 좋아했다. 야생동물의 흔적을 찾아내고 추적하는 솜씨는 또래들 중에서도 으뜸이었다. 그야말로 숲에만 가면 오감이 발동하면서 금방 야생동물의 길을 찾아냈다.

산토끼를 잡기 위해 설치한 올무, 이상권·이태수, 창비사
나는 어린 시절에 크고 작은 올가미를 산 곳곳에 설치해 수많은
야생동물을 괴롭혔다. 그중 가장 많이 잡은 동물이 산토끼였다.

"여긴 산토끼들이 다니는 길이고, 이쪽은 오소리들이 다니는 길이고……."

대부분의 야생동물은 자기만의 길이 있는데, 처음에는 특정 동물들만 다니더라도 시간이 지남에 따라 여러 동물이 같이 이용하게 된다.

나는 철사를 이용해 수많은 올가미를 만들었다. 산토끼 올가미부터, 족제비 올가미, 살쾡이 올가미, 꿩 올가미, 멧돼지나 노루 올가미까지.

내가 만약 조선시대에 태어났더라면 산포수가 되었을 것이다. 참으로 끔찍한 일이다. 그나마 다행인 것은, 집안 어른들이 그런 나를 망설이게 했다는 것이다.

"산짐승은 함부로 잡는 것이 아니야. 산짐승은 산신령님의 보호를 받으면서 살거든. 그래서 산신령님이 꼭 필요한 사람들에게만 함정이나 덫에 동물을 넣어주지. 네가 산토끼를 잡았다고 해도 그것은 네가 잡은 것이 아니니, 잡자마자 산신령님한테 동서남북으로 큰절을 드려야 해. 알았지? 그러니까 산짐승을 너무 많이 잡으려고 하지 마라. 그러다가 산신령님이 노하시면 큰일 난단다."

그런 말을 들을 때는 두려웠지만, 막상 산에만 가면 다시 야생동물을 잡으려 덫을 놓았다.

올가미는 잡으려는 동물에 따라 크기와 굵기가 달라진다. 토끼나 살쾡이, 족제비는 가는 쇠줄을 이용하지만 멧돼지나 호랑이, 노루 같은 동물은 아주 굵은 쇠줄이라야 한다.

올가미를 설치하는 기술은 높이를 측정하는 정확도에 좌우된다. 움직이는 동물의 목이 올가미에 쏙 들어갈 만한 높이를 가늠해야 한다. 그게 낮으면 발이 걸리는 경우가 많고, 너무 높으면 걸리지 않는다. 또한 올가미가 너무 크면 몸통이 걸리거나 동물이 올가미를 그냥 통과할 수도 있다.

뛰어가다가 올가미에 목이 걸린 표범은 당황하면서 마구 몸부림친다. 표범이 발톱으로 땅을 파헤치고, 근처 나무를 입으로 물어뜯으면서 빠져나오려고 할수록 올가미는 더욱 조여든다.

작호도, 경기대박물관
표범이 역동적으로 뛰어가고 있다. 올가미는 이렇게 뛰어가는 동물의 목을 겨냥한다. 표범 뒤에 있는 나무에 올가미를 설치했다면 이 생명체는 꼼짝없이 당했을 것이다.

옛날부터 올가미는 야생동물이 가장 두려워하는 것이었다. 야생동물의 눈에는 올가미가 보이지 않는다. 게다가 올가미는 호랑이의 발톱이나 송곳니로도 어찌할 수 없다. 목에 걸렸다면 몇 번 몸부림치다가 숨이 막혀서 쓰러진다. 호랑이나 표범도 사냥할 때 주로 상대의 목을 공격하는데, 그래야만 쉽게 숨을 끊을 수 있기 때문이다.

만약 몸통이 걸렸다면 쉽게 죽지 않는다. 몇 날 며칠간 몸부림치다가 힘이 빠지면서 아주 서서히 고통스럽게 죽어간다.

올가미는 주로 겨울에 설치하는데, 일정한 시간이 지나면 모두 수거해야 한다. 봄이 되어도 수거하지 않으면 야생동물에게는 그 산 자체가 무덤이 되는 셈이다. 그래서 여름에 올가미에 걸려서 썩어가는 동물도 많았다.

1962년 합천 오도산 골짜기에 살던 황홍갑이라는 농부는 노루를 잡기 위해 올가미를 설치했다. 다음 날 아침, 올가미를 점검하러 온 황홍갑 씨는 깜짝 놀랐다. 말로만 들었던 표범이 올무에 걸려 무섭게 몸부림치고 있었다. 부랴부랴 산을 내려온 농부는 한마을에 사는 동생을 불러 함께 산에 올라갔다.

"어, 정말이네! 근데 좀 작다. 작아도 맹수니까 조심해야 해. 형님, 어서 몽둥이로 때려잡읍시다."

동생이 소리치자 겁에 질린 표범은 더욱 사납게 울부짖으면서 몸부림을 쳤다. 그때 농부가 나섰다.

"절대 죽여서는 안 되네. 범은 예로부터 신성한 동물이니, 사로잡아서 서울에 있는 창경원으로 보내세. 그래야 전 국민이 이 귀한 동물을 볼 수 있을 것 아닌가?"

동생은 그건 불가능한 일이니 그냥 죽이자고 했지만, 그래도 황홍갑 씨는 표범을 죽여서는 안 된다는 입장을 고수했다. 형님의 뜻을 이해한 동생은 표범 머리에 자루를 뒤집어씌웠다. 그러고는 뒷다리와 앞다리를 묶는데 갑자기 "아이고!" 비명 소리가 터졌다. 손을 부여잡고 뒹구는 동생의 손에서는 피가 엄청나게 흐르고 있었다. 표범의 송곳니가 포대 자루를 뚫고 나와 동생을 물어버린 것이다.

둘은 그렇게 실랑이를 하면서 표범을 집으로 옮겼다. 동네 사람들이 몰려들어 호기심 반 걱정 반으로 쳐다보았다.

농부는 어디선가 헌 드럼통을 구해 와 우리를 만들었다. 완성된 우리에 먼저 표범의 머리를 밀어넣고, 다리의 밧줄을 끊어서 밀어넣었다. 꼬리까지 다 들어가자 구경하던 사람들이 만세를 불렀다.

지친 표범은 으르렁거리지 않고 파란 눈만 이글거렸다. 어른들은 아이들에게 그 눈을 오래 쳐다보지 말라고 했다.

"범이 요술을 부려 아이들을 홀릴 수도 있다. 그러니 쳐다보지 마라."

"범을 오래 쳐다보면 범 귀신이 옮겨올 수가 있다!"

아이들은 그 말에 겁을 먹었고, 표범이 크르릉 크르릉 하며 큰 톱으로 나무를 벨 때처럼 소리를 내자 모두 달아나버렸다.

농부가 집에서 키우던 토끼를 표범에게 줬더니 신기하게도 그걸 먹어치웠다. 밤만 되면 드럼통에 갇힌 표범이 "크르릉, 크르릉!" 누군가를 불러댔고, 그러면 오도산 어디선가 또 다른 표범이 "크르릉 크르릉!" 하고 애타게 응답했다. 마을의 개들은 불안해서 짖어댔고, 마을 사람들 역시 불안해서 잠을 이루지 못했다.

나는 일본인 엔도 키미오가 쓴 『한국의 마지막 표범』에 나오는 황홍갑 씨의 이야기를 읽으면서 은연중에 어니스트 톰슨 시튼이 쓴 『스프링필드의 여우』를 떠올렸다.

사냥꾼이 잡아온 새끼 여우를 마당에다 쇠사슬로 묶어두었다.

밤이 되자 어디선가 어미가 새끼 여우를 부르기 시작했다. 새끼 여우도 목청을 가다듬고 허공을 향해 소리쳤다. 어미가 이내 알아듣고는 더 크게 소리쳤다.

얼마 뒤 어미 여우가 조심스럽게 마당으로 들어섰다. 잔뜩 주위를 경계하고는 사방을 바라본 다음 반갑게 맞이하는 아기한테 가서 혀로 핥아주면서 안심시켰다.

"엄마, 어서 가. 무서워, 사람들이 무서워."

"알았어, 어서 가자."

엄마는 아기의 목을 물고 재빠르게 뛰어가려다가 쇠사슬이 당겨지면서 "깨갱!" 하는 아기의 비명을 들었다. 두 여우는 바닥에 심하게 나뒹굴었다. 그렇다. 인간이 묶어놓은 쇠사슬이 있다는 것을 뒤늦게 안 것이다.

아기가 두려움에 떨자 엄마가 안심시켰다.

"걱정 마라. 엄마가 어떻게 해서든 데려갈게."

고심한 엄마는 쇠사슬을 입으로 물어 끊으려고 했다. 어림없는 일이었다. 엄마는 다시 생각에 잠겼다. 인간이 만든 쇠사슬을 저주스럽게 바라보다가 확신에 찬 표정으로 일어났다. 그러곤 쇠사슬의 중간 부분을 땅에 묻었다. 모든 덩굴, 풀로 만들어진 모든 끈은 흙에 묻으면 썩어서 약해진다. 그러니 저 쇠줄도 그렇게 될 것이라고 생각했다. 잠시 기다리던 어미는 다시 아기의 목을 물고 힘차게 달려갔다. 이번에도 쇠줄이 아기를 잡아챘다.

그 뒤로도 어미는 숱한 방법을 써 쇠사슬을 끊으려고 했다. 하지만 불가능했다.

다음 날, 어미는 평상시처럼 사냥한 먹이를 가져다 아기한테 주었다.

그것을 먹은 아기는 잠시 후 조용히 눈을 감았다. 어미는 자신의 힘으로는 인간이 만든 쇠사슬을 끊을 수 없다는 사실을 깨닫고, 아기에게 독이 묻은 먹이를 주었던 것이다.

아마도 그 표범의 어미는 밤마다 황홍갑 씨네 집을 멀리서 바라보면서 '어떻게 하면 인간의 집에서 내 새끼를 구해낼 수 있을까? 아, 저 쇠 망태 속에 갇혀 있으니, 저것을 어떻게 망가트릴 수 있을까?' 하고 온갖 궁리를 했을 것이다. 때로는 크게 소리치면서 인간을 원망하기도 하고, 태초에 표범을 창조해낸 신을 원망하기도 했을 것이다.

농부는 잡은 표범을 기증하기로 마음먹었다. 공무원들은 농부가 가져온 표범을 두고 의논한 끝에 서울 창경원에 연락했다. 그러자 창경원에 있던 사람들이 표범을 싣고 가기 위해 트럭을 타고 왔다.

표범처럼 큰 동물을 이송해본 경험이 없었던 그들은 '드럼통 우리'를 해체하지 않고 그대로 차에 실어서 기차역으로 이동했다.

1962년 2월 21일『동아일보』는 '합천 표범 서울 구경'이라고 소개하는 기사를 실었다.

> 지난 11일 경남 합천군 묘산면 가야리 오도산(해발 1,234m)에서 황홍갑(45) 씨가 덫을 쳐서 잡은 표범(무게 약 5관, 길이 약 5.5척, 꼬리 1.2척)이 20일 오후 7시 20분 경부선 미군 열차 편으로 서울역에 도착해 창경원 표범사에 들었다.

정부에서는 농부에게 감사패와 함께 상금 30만 원을 주었다. 1970년대에 방직 공장에서 일하던 여자 노동자들의 월급이 보통 3만 원이었으니까, 30만 원이면 얼마나 큰돈인지 알 수 있을 것이다. 물론 건강원에 팔아 넘겼으면 더 받았을지도 모른다. 가죽과 고기 그리고 뼈까지도 다 값을 쳐주니까.

농부가 정부에게서 받은 상금은, 조선시대나 일제강점기에 정부가 내린 상금과 가치를 비교할 수 없을 정도로 다르다. 이 농부는 표범의 가치를 알고 있었던 덕에 끝까지 죽이지 않았고, 또한 사리사욕 대신 후손들을 위해 국가에 기증한 것이기 때문이다.

표범은 '한표'라는 이름을 얻었고, 일제강점기 때 만들어진 창경원 동물원에서 늘 자유를 꿈꾸면서 살았다. 인간들에게는 창경원에서 가장 보고 싶은 동물이었지만, 당사자는 늘 대자연의 아름다운 바람 냄새 흙냄새를 갈망하면서 살았다.

1962년 2월 21일 『동아일보』에 수록된 사진

잔뜩 겁을 먹은 채 웅크리고 있는 새끼 표범. 범의 가치를 알아본 농부에게 잡혀 목숨을 유지했지만, 자유를 잃은 채 창경원의 좁은 막사에서 살다가 쓸쓸하게 생을 마감한다.

창경원 새 우리, 서울역사박물관

일본의 조선총독부는 조선의 왕이 살던 신성한 곳을 동물원으로 만들어 연일 홍보했다. 우리나라 최초의 동물원은 그렇게 슬픈 역사를 가지고 태어났다.

표범은 창경원의 상징이기도 했다. 특히 시골에서 올라오신 할아버지 할머니는 다른 동물은 안 봐도 꼭 그 표범은 보고 갔다.

표범이 창경원에 온 지 3년째 되던 무렵, 전라북도 익산시 근처에서 한 목사님이 연락을 해왔다.

"거기에 수컷 표범이 있다고 들었는데, 혹시 암컷 표범이 필요하지 않으세요?"

그의 말을 들은 창경원 직원들은 당연히 필요하다고 했다. 목사님은 산에서 잡은 암컷 표범이 있는데, 그것을 구입할 의향이 있냐고 물었다. 직원들은 기뻐서 당장 구입하겠다고 했다가 너무 비싼 값을 부르자 당황했다.

"아, 이 정도 값이면 비싼 거 아닙니다. 시중에 팔면 더 받을 수 있어요."

"알겠습니다. 저희가 구입하겠습니다!"

그런데 전화를 끊자마자 다시 연락이 왔다. 표범 가격을 더 올리겠다는 전화였다.

창경원 직원들은 부담스러워지기 시작했다. 그래도 직원들은 표범의 대를 잇기 위해서 요구를 들어주겠다고 했으나, 얼마 후 그쪽에서 또다시 가격을 올렸다. 사실 살아 있는 표범은 부르는 게 값이었다.

직원들은 어쩔 수 없다고 생각하고는 표범을 보기 위하여 익산시로 내려갔다. 막상 직접 본 표범 암컷은 덫에 걸려서 앞다리 하나가 떨어져 나간 상태였고, 건강 상태 역시 좋지 않았다. 서둘러 치료하고 안정부터 시켜야 하건만, 오직 돈만 생각하는 사람들 때문에 서

한표, 서울동물원

『시튼 동물기』에 나오는 어미 여우는 새끼가 인간에게 잡혀가자 구출을 시도하다가 그것이 불가능해지자 새끼에게 독약이 묻은 먹이를 주어 죽게 한다. 대자연에서 태어난 어린 새끼가 감옥 같은 동물원에서 쓸쓸하게 살다가 죽어갈 것을 예상했는지도 모른다. 이 표범도 그렇게 죽어갔다.

서히 죽어가고 있었다.

창경원 직원은 상사에게 이 상황을 보고했고, 거금을 들였다가 표범이 죽어버리면 누군가는 책임을 져야 한다는 말에 사지 않기로 했다. 그렇게 해서 또 한 마리의 암컷 표범이 죽어갔다.

결국 동물원에서는 인도 표범 암컷을 구해 와 국제결혼을 시켰고, 1972년 9월에 두 마리의 암컷 표범을 낳았다. 그것이 조선 표범의 유일한 후손이 된 것이다.

창경원의 수컷 표범은 1973년 8월에 죽었다. 그때 나이가 12~13세였던 것으로 추정되니, 평균 20~30년을 사는 표범의 수명을 보면 단명한 것이다. 사망의 큰 원인은 바로 비만이었다. 야생에서는 50킬로그램 정도인데, 창경원의 표범은 87킬로그램이었다.

더욱 안타까운 일은, 그 표범이 죽어서도 가죽을 남기지 못했다

는 사실이다. 좁은 우리 안에서 살다 보니 지나치게 비만이 된 표범은 몸이 아프기 시작하면서부터 온몸에 구더기가 끓었다. 그 탓에 가죽이 다 상한 상태라서 박제가 불가능했다.

호랑이는 죽어서 가죽을 남긴다고 하는데, 그 표범은 슬프게도 가죽조차 남기지 못했다는 이야기다. 그렇게 한국의 산에서 살아온 표범의 맥이 끊어졌다.

표범을 잡은 진돗개는
영웅이 되고

1963년에도 표범이 잡혔다. 역시 가야산 자락에 사는 농부들이 잡은 것이었다. 오도산에서 약 10킬로미터쯤 떨어진 가야산 어느 마을에서 일어난 일이다.

농부 황 씨는 한밤중에 진돗개 두 마리를 데리고 산으로 향했다. 산길을 걷던 개들은 숲에 숨어 있는 표범 냄새를 맡고 요란하게 짖어대며 공격하기 시작했다. 그중 한 마리가 성급하게 덤벼들었다가 표범한테 당하자, 다른 개는 겁이 나서 부리나케 도망쳤다.

다음 날, 황 씨는 마을 사람들을 모아서 복수에 나섰다. 10여 명의 사람들이 몽둥이와 창으로 무장하고 숲을 뒤졌다. 바위 밑에서 쉬고 있던 표범을 발견한 개가 마구 짖어대기 시작했다. 이상하게도 표범은 그 소리에도 얼른 달아나지 못했다. 그걸 두고 사람들은 '표범이 전날 개를 잡아먹었기 때문에 취해서 그렇다'고 생각했다. 옛날 사람들은 호랑이가 개를 잡아먹으면 술을 마신 듯 취한다고

진돗개를 영웅으로 보도한 사진, 『동아일보』
나는 요즘도 마을에서 "우리 개가 고라니를 잡았어요. 정말 대단해요" 하는 말을 종종 듣는다. 왜 그것이 대단한 일일까? 개가 야생동물을 잡아 죽이는 것이 얼마나 끔찍한 일인지 아직도 우리는 모른다. 표범을 잡은 진돗개가 자랑스럽게 사진을 찍고 있다.

생각했다. 그래서 호랑이를 잡을 때는 주로 개를 미끼로 이용했다. 물론 그것은 근거가 없는 말이고, 아마 표범의 몸 상태가 좋지 않았던 모양이다.

표범은 개가 짖어대고 사람들이 포위하고 있는데도 달아나지 않고 잔뜩 웅크렸다. 11세에서 12세 정도 된 노련한 표범이 그렇게 어리숙한 것은 있을 수 없는 일이다. 진돗개는 8시간이나 표범을 공격했고, 사람들도 표범에게 달려들어 창으로 찌르고 몽둥이로 내리쳐 죽였다.

표범을 잡은 사람들은 개한테 공을 돌렸다. 그 소문이 퍼져 신문에도 나오게 되었다.

"용감한 진돗개가 표범을 잡았다!"

그 기사를 본 사람들은 개를 칭찬하기에 바빴다. 죽어간 표범을 안타깝게 생각하는 사람은 거의 없었다. 이미 세상이 변해서 호랑이는 멸종했고, 표범도 멸종 단계였는데도 한 나라의 언론은 여전히 표범을 조선시대처럼 인식하고 있었다.

조선시대에는 그런 일이 많았다. 개들이 호랑이를 잡으면, 그 개들을 포상하고 개 무덤을 만들어주었다. 가끔씩 주인을 구하려고 호랑이와 싸우다 죽어간 소들도 있었다.

의열도, 국립민속박물관

논에서 쟁기질을 하던 소를 향해 갑자기 호랑이가 달려들었다. 하지만 소는 당황하지 않고 반격해 호랑이를 물리치고 주인을 구해냈다는 이야기다.

「의열도義烈圖」에 나오는 농부는 "소가 아니었으면 내가 죽었을 거야. 그러니 내가 죽은 후 소를 팔지 말고 늙어 죽어도 그 고기를 먹지 말고 반드시 내 무덤 옆에 묻어다오" 하고 자식들에게 말했다. 그 농부가 죽자 소는 그때부터 3일간 먹이도 먹지 않고 울부짖더니 죽고 말았다. 그러자 조선 정부에서 그 소에게 벼슬도 내리고 상도 주고 무덤도 만들어주었다는 이야기다.

다분히 의도된 이야기임을 알 수 있다. 호랑이에 대한 적개심을 고취시키기 위해 소를 영웅으로 등장시킨 것이다.

하지만 1963년은 조선시대가 아니다. 그런 시대에 표범을 죽인 개만 칭찬하고, 죽은 표범은 해로운 악마처럼 취급했으니, 표범한테는 조선시대에 살고 있는 거나 마찬가지였을 것이다.

더 기가 막힌 것은 그 뒷이야기인데, 그 표범은 총포상을 하는 사

람에게 8만 원에 팔렸고, 총포상은 다시 뱀탕을 만들어서 파는 한
약방 가게에다 팔아넘겼다. 표범을 판다는 소문은 시장에 쫙 퍼졌
고, 사람들이 앞다투어 몰려들었다. 표범을 구입한 사람은 능숙하
게 표범을 부위별로 잘라서 팔았다. 결국 표범이 보신탕으로 팔려
나간 것이다.

표범 고기를 파는 데 몇 시간도 안 걸렸다. 사람들은 호랑이 고기
라면 환장했다.

내가 호랑이를 잡았다는 소식이 마을에 퍼지자 호랑이 사체는 잡
은 자리에서 금세 팔려나갔다. 마을 노인들은 바로 내장을 발라낸 뒤
한 컵 될까 말까 하는 복부에 남은 신성한 체액을 먹기 위해서 서로 지
루한 언쟁을 하였다. 그것이 정리되자 내장을 발라내기 시작했다.

이것은 조선에서 호랑이 사냥을 했던 영국인 바클레이가 자신의
책『만주의 호랑이』에서 인용한 말이다. 바클레이가 '신성한 체액'이
라고 표현한 것은 '피'가 아니라 '호담'이라고 불리는 '호랑이 쓸개'다.

예로부터 우리나라 사람들은 야생동물을 잡으면 복부를 갈라내
고 가장 먼저 쓸개를 잘라 먹었다. 더구나 호랑이 쓸개였으니, 서로
먹으려고 야단이었을 게 뻔하다. 호랑이나 표범 고기를 먹으면 병
도 안 걸리고, 나쁜 귀신도 찾아오지 않으며, 여자가 먹으면 아들을
낳고, 남자가 먹으면 출세한다고 생각했다.

여항산에서 행복하게 살던 표범 부부의 꿈

한국에서 마지막으로 잡힌 표범 이야기는 슬프다.

한국전쟁이라는 큰 시련을 이겨낸 표범 두 마리가 있었다. 그들은 서로를 사랑했고, 수많은 골짜기를 돌아다녔다. 그들이 보금자리로 선택한 곳은 경남 함안군에 있는 여항산 골짜기였다.

770미터인 여항산은 지리산 영신봉에서 김해 분성산을 잇는 흐름의 한가운데에 있다. 근처에서 하늘을 향해 가장 높이 솟구친 여항산을 갓데미산, 배넘기산, 필봉이라고 부른다. 여항이라는 지명은 세상이 다 물에 잠겼을 때 여항산의 꼭대기만 배만큼 남는다고 하여 유래된 말이다. 한국전쟁 때는 낙동강 방어선 사수를 위해 치열한 전투가 벌어진 곳이기도 하다. 미군들은 이 산에서 많은 피해를 입었기 때문에 '갓뎀god damn산'이라고 불렀다.

숲은 그런 전쟁의 상처를 지워주었다. 그리고 온갖 생명을 불러들였다. 표범도 그렇게 초대받은 생명체였다. 그들은 사람을 가장

여항산, 함안군청
호랑이와 표범에 대한 수많은 서사시가 흐르고 있는 여항산. 한때 이곳은 호랑이와 표범의 천국이었다.

두려워했다. 나무꾼만 보아도 먼저 슬그머니 피해버렸다. 다행히 그곳 사람들은 표범에게 호의적인 듯했다. 몇 번이나 눈이 마주쳤지만 크게 놀라지도 않았고, 요란하게 포수들을 끌고 몰려오지도 않았다. 그래서 표범들은 그곳 사람들이 다르다고 생각했다. 어쩌면 너무 방심했는지도 모른다. 그들은 그 골짜기에서 아들딸을 낳아 행복하게 살 생각만 했다.

나는 어린 시절에 표범의 친척인 삵을 자주 추적했다. 마루 밑 닭장 속에 모여 사는 닭들이 삵에게 물려갈 때마다 그 흔적을 찾아 추적하는 일은 내 몫이었다. 그런 과정을 탐정이라도 된 듯이 즐겼다.

흔적이란 발자국과 삵이 물고 가는 닭 또는 오리의 깃털이었다.

녀석도 내가 추적하고 있다는 걸 잘 알고 있었다. 그래서 늘 대담하게 발자국을 남기고 다녔지만, 숲으로 들어가면 어느 순간 그 흔적이 사라지고 말았다. 거의 대부분은 어른들 키만 한 소나무 근처에서 사라졌다. 녀석이 청설모처럼 소나무를 타고 가지와 가지 사이로 이동한다는 사실은 한참 뒤에야 알았다. 그때부터는 그 근처 소나무 숲을 샅샅이 뒤졌다.

그러던 어느 날은 소나무 밑에 뭔가 불룩하게 덮여 있는 것을 발견했다. 슬쩍 건드려 보았더니 간밤에 녀석이 물고 간 오리의 사체였다. 녀석은 마음껏 배를 채운 뒤, 솔잎으로 남은 사체를 묻어놓은 것이다. 나는 반쯤 남은 오리를 들고 의기양양하게 마을로 내려갔다. 우리 마을 역사상 처음으로 삵이 물어간 가축을 되찾아온 것이라 어른들이 칭찬해주었다.

표범도 소나무를 좋아한다. 표범이 가장 많이 올라가는 나무가 소나무다. 소나무는 향이 진해서 표범의 냄새를 없애주기 때문이다. 사냥개한테 쫓기던 표범이 소나무 위로 피신하면 개는 더 이상 추적하지 못한다.

표범은 삵과 달리 먹다 남은 동물을 소나무 가지에다 숨겨두는데, 이때는 가지가 빽빽한 것을 택해서 눈에 띄지 않게 한다.

그날도 여항산의 표범 둘은 소나무 숲에서 다정하게 놀고 있었다. 서로의 몸에 있는 벼룩을 잡아주며 놀던 두 표범 중 암컷이 먼저 일어났다. 목이 말라 골짜기로 내려가려던 참이었다. 수컷은 같이 가자는 암컷의 말에 미소로 거절하면서 눈을 붙였다. 졸음이 밀

송호도, 전형암필, 국립중앙박물관
조선 표범은 호랑이를 피하기 위해 소나무에 오르기 시작했다. 공교롭게도 사람들은 소나무를
좋아했고, 그래서 표범은 숲을 가장 잘 이용하는 동물이기도 했다.

려왔기 때문이다.

잠을 청하려던 수표범은 갑작스레 인간과 마주쳤는데, 이번에는 근처에 사는 사람들이 아니었다. 포수들이었다. 그래도 수표범은 피하지 않았다. 그만큼 사람들을 믿었던 것이다.

"탕!"

총소리와 함께 공중으로 몸이 솟구쳐 올랐다. 수표범은 분노했다. 가만두지 않겠다고, 인간들을 가만두지 않겠다고 소리쳤다. 하지만 몸에서는 힘이 빠져나가고 있었다. 게다가 연달아 총소리가 울렸다. 수표범은 털썩 주저앉아서 그들을 노려보았다.

『경향신문』(1970년 3월 6일 자)은 이렇게 보도했다.

경남 함안에서 18세쯤 되는 수표범이 잡혀 화제

지난 4일 상오 10시쯤 함안군 여항면 내곡리 뒷산에 노루 사냥 갔던 설욱종 씨(50. 부산시 서구 부민동1가 18) 등 세 명은 범의 발자국을 따라 내곡리 마을에서 약 4킬로미터 떨어진 산속(해발 700미터)에 이르렀을 때 50미터 앞 소나무 숲에 있던 표범을 발견, 15미터까지 접근하여 단발총으로 머리를 명중시킨 것.

총에 맞은 표범은 2미터나 치솟으며 산이 떠나갈 듯 소리치다가 일제 사격을 받고 끝내 쓰러진 것인데, 이 표범은 머리에서 꼬리까지 길이가 160센티미터, 무게 15.5킬로그램(14관), 갈색과 검은색 반점이 있고, 시가 70만 원쯤이다.

여항산에서 잡힌 표범, 『경향신문』
이 표범은 여항산이라는 낙원에
서 살다가 갑작스런 인간의 공격
으로 제대로 대응하지도 못하고
죽었다.

70만 원이라면 당시 노동자들의 5년
치 월급에 해당되었고, 제법 좋은 집
한 채 값이었으니, 그 기사를 본 사람
들은 어떤 마음이었을까? 언론이 은근
히 표범을 잡으라고 부추긴 꼴이 되고
말았다.

그로부터 며칠 뒤『경남매일』은 표범
이 잡힌 산 아랫마을 사람들 소식을 실
었다.

"나머지 표범 마저 잡아주오."
현지 주민들 불안에 떨어, 옛 전설 믿고 후환을 염려

11일 이곳 주민들에 의하면 이 표범은 수년 전부터 한 쌍이 살고 있
는 것으로 이 고장의 '산지끔'이라는 전설적인 이야기를 들려주고 있
다. 이번에 잡힌 표범은 이 산을 왕래하는 나무꾼이나 주민들에게는 조
금이라도 해를 끼치지 않았다는 것이다. 이번에 한 마리가 죽었기 때문
에 살아 있는 한 마리가 그곳 주민이나 이 산을 왕래하는 나무꾼들에게
복수를 할 가능성이 있다고들 말하며 불안한 표정을 짓고 있다.

주민들은 "옛날에 이곳에 나무하러 간 나무꾼이 실수로 낭떠러지
에 떨어져 실신 상태에 빠져 있었다. 이것을 알지 못하고 있던 가족들
이 익일 새벽, 일찍 산을 헤매다 나무꾼을 겨우 발견했다. 이때 표범이
꼬리에 물을 묻혀 와서 실신한 나무꾼 이마에 적셔주며 깨기를 기다

렸다. 밤새껏 나무꾼을 지키고 있다가 가족이 나타나자 표범은 비로

소 사라졌다.”는 이야기들을 하고 있다.

　이런 전설을 믿으며 이번에 잡힌 표범 때문에 불안하다면 후환이

없게끔 남아 있는 한 마리도 잡아야 한다고들 입을 모으고 있다.

그것이 한국에서 잡힌 마지막 표범이다.

살아남은 암컷의 행방은 모른다. 또 그렇게 사냥꾼들의 총에 맞

아 죽어갔는지 아니면 농부들이 놓은 올가미에 걸려 밤새 울부짖

다가 죽었는지, 아니면 그들만이 아는 나라를 찾아 떠나갔는지.

위험한 호랑이 책, 그 마지막 이야기

전쟁에서 지고 역사에서는 승리한 호랑이와 표범

신과 인간 세상 경계에서
살아가는 산신령

우리 마을에는 만화가 지망생 형이 있었다. 나는 그 형 덕분에 일찍부터 만화광이 되었다. 초등학교 6학년 겨울밤에 만난 『백두산 호랑이 왕대』라는 작품은 충격적이었다. 러시아의 작가 니콜라이 바이코프의 소설 『위대한 왕』을 만화로 탄생시킨 『백두산 호랑이 왕대』를 읽으면서 나는 더 이상 동물을 잡아서는 안 되겠다는 생각을 하게 되었다.

그 작품에는 호랑이에 대해 우호적인 사람과 그렇지 않은 사람이 나온다. 우호적인 사람은 늙은 산포수인데, 호랑이를 산신으로 모신다. 당연히 함부로 호랑이를 사냥하지 않았고, 다른 동물을 사냥할 때도 늘 산신이 잡아준다고 믿었다. 백두산과 만주의 송화강 주변을 무대로 하는 이 소설에 나오는 사람들도 산신을 숭배하고, 호랑이를 왕대라고 불렀다.

나는 그들이 꼭 할머니 같은 마을 사람들처럼 느껴졌고, 나는 그

호랑이 제물, 바이코프
나무에 묶인 죄인을 잡아먹지 않고 풀어준 왕대의 이야기는
어린 시절 내 감수성을 자극하면서, 호랑이도 인간들처럼 생
각하는 존재임을 깨닫게 했다.

런 호랑이를 잡으려고 하는 사람들 같았다. 그래서 만화책을 보는
내내 마음이 불편했다. 더구나 나이 든 산포수가 사냥한 것들을 몰
래 훔쳐 달아난 젊은 산포수를 잡아서 그들 식으로 재판한 다음, 왕
대가 자주 나오는 곳에 제물을 바치듯이 묶어둔 장면에서는 온몸
이 서늘해졌다. 내가 그곳에 묶인 것만 같았다.

사람들은 죄를 지은 사람을 최종 심판하는 것은 왕대의 몫이라고
생각했다. 왕대가 물어가면 죄를 엄하게 벌하는 것이고, 물어가지
않으면 왕대가 용서해준다는 뜻이다.

나무에 묶인 죄인은 그다음 날 사라져버렸다. 사람들은 왕대가
그의 죄를 엄하게 처벌한 것이라고 생각했는데, 세월이 흐른 뒤에
그는 스님이 되어 나타났다.

나는 그때의 감동을 잊을 수가 없다. 왕대가 나타나서 줄을 풀어준 다음, 그 사람이 자유롭게 가도록 내버려두었던 것이다. 그 후 죄인은 깨달음을 얻고 스님이 되었다.

어린 나는 그 장면을 보면서 호랑이가 단순한 동물이 아님을 깨달았고, 내가 죽인 수많은 야생동물을 떠올렸다. 더구나 그 위대한 왕대가 인간의 총에 맞아 허무하게 죽어버리는 장면에서는 나도 모르게 얼마나 많은 눈물을 흘렸는지 모른다.

그 이후로 나는 더 이상 야생동물을 잡지 않았다. 오히려 몇 번이나 덫에 걸린 놈들을 풀어주기도 했다.

인간들에게 산이란 아주 특별한 곳이다. 단군신화가 말해주듯이 산이란 신이 사는 하늘나라와 가까운 곳으로, 인간이라는 생명이 시작된 곳을 의미한다. 산은 그 자체만으로도 인간들에게 두려움을 주었고, 산과 이어진 하늘이라는 미지의 세계가 무한하다고도 생각했다.

그 경계에서 살도록 창조된 생명체가 바로 호랑이다. 태초에는 호랑이가 인간보다 격이 높은 생명체였다. 호랑이는 신과 가까웠기 때문이다. 옛날 사람들이 "구름은 용이 만들고 바람은 호랑이가 부르짖을 때 생긴다!"라고 할 정도로 호랑이를 대단한 동물로 받아들이는 것은 당연한 일이었다. 호랑이 예찬론자였던 조선시대 학자 박지원은 『호질虎叱』에서 이렇게 말했다.

　　　호랑이는 착하고도 성스러우면서 싸움도 잘하고, 인자하면서도 효

만수지왕 호도, 경기대박물관
그림 맨 위쪽 하늘은 신들이 사는
세상이고, 그 아래는 깊은 산이다.
산이란 신의 세계와 인간 세상의
경계인 셈이다. 호랑이가 살아가
는 곳이 바로 그 경계다.

성이 지극하고, 슬기로우면서도 어질고, 엉큼하면서도 날래고, 강하면서도 사납기 그지없으니 그야말로 천하에 대적할 자가 없습니다.

그러니 산의 왕은 당연히 호랑이다. 옛날 사람들은 그런 호랑이를 산신령이라는 신으로 모셨다. 호랑이가 자신들을 도와준다고 믿은 것이다.

지금도 호랑이를 산군이라고 하여 산신제를 올리는 지역이 많이 남아 있다. 비록 현실에서는 호랑이들이 쓸쓸하게 사라졌지만, 사람들 마음속에서는 아직도 사라지지 않았다는 뜻이다.

나는 어렸을 때 산신령이 다양한 모습으로 존재한다고 들었다. 때로는 늙은 나무, 때론 호랑이, 때론 할아버지, 때론 할머니. 옛 사람들이 믿는 산신은 늙은 할아버지의 모습이 아니었다. 대부분 호랑이 모습이거나 또는 아주 오래된 나무인 경우가 많다.

그래서 나는 「산신도」를 보면 늙은 할아버지가 아니라 그 옆에 있는 호랑이를 본다. 호랑이가 진정한 산신이라고 생각하기 때문이다. 옛 사람들이 호랑이를 왕대, 산군, 산군자, 산령, 산신령, 산중영웅, 산중호걸, 만수산의 왕 등으로 부른 것은 사실이다.

참으로 고맙게도 어린 시절 내 주위에는 산신령을 믿는 사람이 많았고, 나는 그분들 덕에 자연스럽게 산신의 존재를 믿으며 살아왔다.

어른들께 진짜 산신령이 있느냐고 물으면 "만약 산신령이 없다면 산과 들에 풀과 나무도 없고, 크고 작은 짐승들도 없을 거야. 산

산신도, 국립중앙박물관
인간에 의해서 그려진 산신도는 시간이 흐를수록 획일화되어, 호랑이 옆에 반드시 늙은 노인
이 등장했다. 호랑이는 산신이 아니라 산신의 시중을 드는 동물로 격하되어 있다.

신령님이 있어서 그런 것들도 살아가는 것이지. 산신령은 나무나 풀의 말도 다 알아듣지. 온갖 귀신들 말소리도 다 듣고"라고 대답했다. 그러면서 내가 잡아온 새끼 산토끼를 어서 그 자리에 놓고 오라고도 했다.

산신령은 때론 토끼나 새로 둔갑하기도 하고, 바람으로 변해서 인간들을 감시하기도 한다고 했다. 어디서 못된 용이 나타나 홍수를 일으키고 있지는 않은지, 못된 용왕이 가뭄을 들게 하여 생명체들을 힘들게 하지는 않은지, 어떤 인간이 함부로 산의 나무를 베고 있는지, 어떤 호랑이가 배도 고프지 않은데 다른 동물들을 마구 물어 죽이고 있지는 않은지, 그런 것들을 모두 관리한다고 했다.

산신령은 아픈 부모님을 위해 산삼을 찾아다니는 아이에게는 산삼을 찾게 해주고, 고기를 먹지 못해 기력이 쇠약한 아이에게는 토끼 사냥에 나선 아버지의 뜻을 들어주고, 누군가의 약으로 쓰기 위해서 오소리 사냥을 나선 사람들에게는 그걸 잡게 해준다고 했다. 그래서 사람들은 호랑이가 효자를 잡아먹지 않는다거나, 행실이 바른 사람은 잡아먹히지 않는다고 생각한 것이다.

옛 사람들은 가뭄이 들 때마다 호랑이를 잡아서 그 머리를 강물에 던지고 기우제를 지냈다. 역시 산신에 대한 믿음 때문이다. 물과 땅은 다스리는 신이 다르다. 물속은 용왕의 영역이고, 용왕은 비바람을 부리는 강력한 용을 비서로 두고 있다.

그런 용과 용왕이 심술을 부려 가뭄이 들면, 그들에게 맞설 수 있는 힘을 가진 신은 산왕인 호랑이밖에 없었다. 옛 사람들이 '용호상

운룡도, 최시환 (14세)
하늘을 나는 용을 상대할 수 있는 동물은 호랑이뿐이었다.
용은 인간도 상대할 수 없다. 그러니 호랑이가 얼마나 대단
한 동물인지 알 수 있다.

박'이라고 했듯이, 용과 호랑이가 만나 싸울 때 천둥 번개가 치면서 비바람이 일어난다고 했다. 사람들은 산왕인 호랑이가 물속으로 들어가서 "용왕 네 이놈, 어서 비를 내리게 하지 않으면 가만두지 않겠다!" 으름장을 놓으면, 용왕의 충실한 부하인 용이 "여기가 어디라고 감히 들어와서 큰소리를 치느냐!" 하며 맞서고, 결국은 둘이 엉겨 붙어 싸움이 시작되면서 비가 내린다고 믿었다. 그만큼 산왕은 호랑이의 절대적인 힘을 믿었다는 뜻이다.

조선시대 태종과 세종대왕 때는 가뭄이 들면 수시로 호랑이 머리를 잘라 한강에 넣었다. 호랑이 머리를 기우제의 제물로 쓴 풍습은 조선시대 내내 이어졌다. 한두 번도 아니고, 기록에 보이는 것만 해도 스무 번이나 된다.

서낭신이 되어
인간을 위로해주다

내가 어렸을 때만 해도 우리 고향에서는 호랑이 신을 믿지 않는 사람이 별로 없었다. 산에 가면 산신령, 즉 호랑이 신이 있다고 믿었고, 가끔씩 제 수명이 다해서 죽어 있는 꿩이나 노루를 발견하면 "이것은 호랑이 신이 우리를 위해서 잡아놓은 거야!" 하고 산신령님한테 고마워했다. 그래서 호랑이 신에게 마을까지 내려와 지켜 달라고 빌기 시작한 것이다.

맨 처음 산왕을 마을 입구에 모실 때는 호랑이 발톱이나 해골 또는 가죽을 모셔놓았을 것이다. 하지만 세월이 흐르면서 굳이 눈에 보이지 않아도 산왕을 모시게 되었다. 서낭, 성황이라고 변하면서 그 대상도 다양화되었다. 그래서 마을 입구나 마을로 통하는 고갯마루 또는 산길 같은 곳에 돌무더기를 쌓아놓기도 하고, 커다란 바위나 근처에서 가장 오래된 나무를 서낭으로 모시기도 한다.

무신도 서낭, 국립민속박물관
산왕이 직접 나타나서 나쁜 짓을 한 사람들에게 "이놈들! 함부로 까불다가는 나한테 혼날 줄
알아라!" 하고 소리치고 있다. 호랑이를 '서낭신' 또는 '호서낭신'이라고 불렀는데, 지금도 동
해안의 삼척 같은 곳에서는 호서낭신을 믿는다.

그곳을 지나는 사람들은 돌을 던지거나 얹으면서 자기반성을 하기도 하고, 집안에 아픈 사람이 있으면 낫게 해달라고 빌기도 한다. 또한 사람들은 그곳에 오색 천이나 왼새끼를 꼬아서 걸어두기도 했다. 오색은 세상의 모든 나쁜 것들을 막아주는 색이고, 왼새끼도 나쁜 귀신들을 막아주는 주술적인 힘이 있기 때문이다.

마을 입구에 있는 성황당, 국립민속박물관
성황당은 새해가 되면 지나온 시간들을 되돌아보게 하며 새로운 마음가짐을 갖게 하는 긍정적인 힘을 주었다.

그곳에 가벼운 음식을 가져와서 제사를 지내기도 했고, 자신이 가장 좋아하는 물건을 가져다놓기도 했다. 특히 새해에는 자신의 옷을 가져다 놓고 소원을 빌었다. 아픈 아이의 부모는 아이의 건강을 빌면서 헝겊조각을, 장사꾼들은 장사가 대박 나게 해달라고 짚신짝을, 시집가는 신부는 자기 옷을 걸어두기도 했다.

새해가 되면 여자들이 간단한 음식을 차려놓고 가정의 제사를 모시기도 했고, 마을 단위로 크게 제사를 모시기도 했다. 동해안 별신굿이나 강릉 단오제가 대표적인 서낭신을 모시는 제사다.

지금도 전통적인 마을에 가면 입구 언저리에 서낭당이라는 것이 있다. 서낭 또는 성황당이라고도 한다.

우리나라 문학인들이 가장 좋아하는 「봄날은 간다」라는 노래가 있다. 1954년에 발표된 이 노래는 가수 전영록의 어머니인 가수 백설희가 처음 불렀고, 훗날 최백호부터 조용필, 장사익, 김정호, 심수봉 같은 한국을 대표하는 가수들이 거쳐 갔다.

> 연분홍 치마가 봄바람에 휘날리더라.
> 오늘도 옷고름 씹어가며
> 산제비 넘나드는 성황당 길에,
> 꽃이 피면 같이 웃고…….

왜 그들은 한결같이 이 노래를 부르고 싶어 했을까?

왜 한국의 작가들은 이 노래를 그토록 좋아할까?

이 노래는 느려도 갖은 흥이 다 들어 있다. 이 노래를 흥얼거리다 보면 이 땅에서 힘들게 살아간 사람들의 뒷모습이 아름답게 그려지고, 그 모습을 통해 지금 우리를 생각하게 된다. 미래를 살아가는 것은 새로움을 찾아나서는 일이기도 하지만, 소중한 것을 잃어버리지 않아야 한다는 숙명적인 고뇌를 하는 일이기도 하다.

「봄날은 간다」의 노랫말에 나오는 성황당은 원래 '산왕당'이라고 불렀다. 그러니까 '산왕' 즉 호랑이 신을 모시는 곳이다. '산왕이시여, 우리 마을을 지켜주십시오!' 하는 뜻이 들어 있는 말이다.

사람들의 입에 오르내리던 이 단어가 세월이 흐르면서 발음하기 쉽게 '사낭당' 또는 '사낭'이라고 바뀌고, 또 지역에 따라 '사'가 '서'로 발음되면서 '서낭당'이라고 불리게 된 것이다.

성황당은 할미당, 천황당, 국사
당으로 부르기도 한다. 특히 할미
당이라는 말이 가장 많이 쓰인다.
주로 마을로 통하는 고갯길이나 산
길에 있는 커다란 바위를 할미당이
라고 부른다.

작은 집으로 된 성황당, 국립민속박물관
성황당이 있는 고갯길은 시간이 정지된 곳이었고,
모든 사람에게 평등한 곳이었고, 지친 사람을 달래
주는 곳이었고, 고향이 얼마나 소중한지 알려주는
곳이었다.

나 역시 어린 시절에 성황당을
할미당이라고 불렀으며, 고향을 떠
나 대도시로 나올 때 몰래 그곳에
가서 돌탑을 쌓으며 소원을 빌었
다. 다시 고향으로 돌아갈 때마다 나는 그곳에 가서 고개를 숙인 채
소원을 빌고 또 빌었다.

안타깝게도 지금은 할미당이 사라져버렸다. 그곳이 사라지자 고
향이라는 아름다운 세상을 지켜주던 영적인 힘도 사라져버린 것만
같아서 안타까웠다.

왜 우리는 그렇게 빨리 없애려고만 하는가.

왜 우리는 그렇게 빨리 변하려고만 하는가.

한국의 신화는 호랑이 신을 빼면 초라해질 정도다. 호랑이 신은
그렇게 수천 년 동안 한국 사람들의 외롭고 지친 마음을 위로해주
었다. 그것을 인정하든 인정하지 않든, 호랑이 신이 성황당으로 변
해온 것 또한 우리의 역사다.

대문에 붙은 산왕 부적

사람들은 집 대문에도 산왕을 모셔놓았다. 산왕의 뼈를 대문에 배치하는 것이야말로 최고의 액막이 대책이었다. 그래서 옛날 양반집 대문에는 호랑이 뼈가 매달려 있는 것을 흔히 볼 수 있었다.

구례의 운조루는 낙안 부사를 지낸 류이주(1726~1797)가 지은 99칸짜리 대저택이다. 이곳의 솟을대문에도 호랑이 뼈가 걸려 있다. 무신이었던 류이주는 늘 호랑이 사냥을 했고, 솟을대문에 그가 잡은 호랑이 뼈를 줄줄이 걸어놓았다. 호랑이 뼈가 워낙 귀하다 보니 누군가가 하나둘 집어 가는 바람에 다른 짐승의 뼈를 대신 걸어두기도 했다고 한다. 뼈를 몰래 가져오는 것도 할 수 없는 사람들은 산왕 부적을 사다가 대문에 붙여놓았다.

산왕신은 산신령이기 때문에 물이나 불, 바람 때문에 생기는 세 가지 재해를 막아준다고 생각했다. 자연에 의존도가 높았던 옛날에는 삼재가 가장 무서운 재해였다.

운조루 솟을대문 처마에 걸린 호랑이 뼈
호랑이 뼈는 워낙 비싸기 때문에 돈이 없는 사람들은 엄두도 낼 수
없었다. 그 탓에 다른 동물 뼈를 구해다가 걸어둘 수밖에 없었다.

    산왕신이 등장하는 부적에 짝꿍으로 가장 많이 나오는 동물이 매
다. 세 가지 자연재해를 막아내기 위해서는 산왕신만으로 부족하
기 때문에 하늘의 제왕인 매한테도 도움을 청한 셈이다. 매는 하늘
을 나는 새 중에서 가장 용맹스러운 동물이다. 그렇게 산왕신과 매
가 결합했으니 더욱 강력한 힘이 생긴다.

    부적을 찍어낼 때는 붉은색만 쓰는데, 붉은색이 나쁜 액을 막아
준다고 생각하기 때문이다. 그래서 한국에서는 생일상에도 붉은팥
이 들어간 시루떡을 해서 올린다.

    부적을 꼭 붙여두기만 하는 것은 아니다. 부적은 작기 때문에 몸
에 지니고 다닐 수 있는 장점이 있다. 부적을 소지함으로써 모든 액
을 막아준다고 믿었다. 부적의 가치가 올라가는 이유다.

    전국을 돌아다니는 장꾼들은 반드시 산왕 부적을 지니고 다녔
다. 그래야 산을 넘어갈 때 산왕님이 보살펴준다고 생각했다. 과거

시험을 보기 위해 한양으로 가는 선비들이 꼭 지참해야 하는 것도 산왕 부적이었다.

호랑이를 사냥하던 산포수들도 새해가 되면 산왕신이 그려진 그림을 얻어다가 자기네들 대문에다 붙였고, 왕이 사는 궁궐에서도 한 해도 빠지지 않고 산왕신을 그려서 곳곳에 붙였다.

**휴대하고 다닌 호랑이 부적판,
국립민속박물관**
요즘도 나이 드신 어른들은
삼재를 중요하게 생각하고,
산왕신이 나오는 부적을 집
안에 붙인다.

호랑이와 매 부적판, 국립중앙박물관
하늘의 제왕인 매와 땅의 제왕인 호
랑이는 인간들의 상상 속에서 가장
강력한 드림팀이었다. 그들은 인간
이 가장 두려워하는 삼재를 막아주
었다.

작호도에 나오는 표범이 호랑이로 바뀌고

옛 그림을 보면 호랑이는 매뿐만 아니라 까치하고도 자주 등장한다. 그런 호랑이와 까치가 나오는 그림을 '작호도' 또는 '호작도'라고 한다. 작호도는 조선시대 가장 인기 있는 그림이었다.

'까치와 호랑이'라는 옛날이야기를 떠올려보자.

옛날에 한 나무꾼이 나무하러 가다가 함정에 빠진 호랑이를 만났다. 호랑이는 구덩이 밖에서 내려다보고 있는 나무꾼에게 애걸하며 살려달라고 했다. 나무꾼은 호랑이가 불쌍해 보여 밖으로 나올 수 있도록 커다란 나무를 구해서 구덩이에 걸쳐놓았다.

덕분에 호랑이는 나무를 타고 밖으로 나와 목숨을 건지게 되었다. 그런데 며칠 동안 굶었던 호랑이는 마음이 바뀌어서 "미안하지만 배고파 죽겠으니 너를 잡아먹어야겠다" 하고 커다란 아가리를 벌렸다. 나무꾼은 기가 찼다.

"나를 잡아먹지 않겠다고 해서 살려주었는데……. 그러면 저기

작호도, 국립중앙박물관
작은 까치가 산왕을 노려보면서 뭐라고 소리치고 있다. 산왕이 슬쩍 뒤돌아보지만 까치는 두려워하지 않고 계속 소리친다. 대체 뭐라고 소리치고 있을까?

소한테 가서 한번 물어보기나 하고 나를 잡아먹든지 해라."

나무꾼의 말을 들은 소는 한참 생각에 잠겨 있다가 이내 호랑이에게 사람을 잡아먹어도 괜찮다고 말했다. 소는 온종일 일만 시키는 인간들이 미웠다. 나무꾼은 절망하다가 근처를 지나가는 여우를 불렀다. 평소 인간에게 사냥 당하던 여우도 호랑이 편을 들었다. 이제는 정말 호랑이에게 죽었구나 하고 나무꾼이 낙심하고 있던 참에 까치가 날아왔다.

"까치님, 제발 올바른 판결 좀 내려주세요. 글쎄 함정에 빠진 호랑이를 살려주었는데 오히려 날 잡아먹겠다고 하니 어떡하면 좋겠습니까?"

그 말을 들은 까치는 말만 들어가지고는 잘 모르겠으니 원래대로 해보라고 말했다. 호랑이는 알았다고 하면서 다시 구덩이로 뛰어내렸고, 그때 까치가 나무꾼에게 걸쳐놓았던 나무를 치우라고 했다. 나무꾼이 나무를 치우자 호랑이는 함정에서 나올 수가 없었다.

까치는 자기 힘만 믿고 고마워하지 않았던 호랑이를 마구 꾸짖었다. 호랑이는 그제야 후회했지만 소용없었다. 결국 인간들이 몰려와서 몽둥이로 호랑이를 때려잡았다.

작호도는 그런 '까치와 호랑이'라는 옛날이야기를 바탕으로 그려진 것이다. 이야기 속에서 산왕은 '바보'가 되어버렸고, 까치는 호랑이를 혼내주는 지혜로운 동물이 되었다.

여기에 나오는 호랑이는 산과 들을 다스리는 산왕이 아니라 자기 힘만 믿고 마구 권력을 휘두르는 양반이나 관리들을 상징하고, 까치는 힘없는 백성들을 의미한다고도 볼 수 있다.

그래서 이 이야기를 들은 사람들은 호랑이가 까치한테 당하는 순간 박수를 치면서 "아이고, 속 시원하다!" 하고 웃어댔다. 힘없는 까치가 산왕인 호랑이를 혼내주었으니까. 졸지에 산왕은 백성들을 괴롭히는 못된 양반이나 탐관오리가 되고 말았다.

원래 작호도란 중국에서 유행하고 그려진 그림인데, 조선으로 넘어오면서 표범 대신 호랑이가 등장했다. 그만큼 조선인들이 호랑이를 좋아했다는 뜻이기도 하다.

호랑이 대신 표범이 나타나면 생태적으로는 더 그럴듯하다. 실제로 호랑이와 까치가 다툴 일은 거의 없지만 표범과 까치는 늘 다툰다.

까치 입장에서 보면 표범이야말로 도무지 어찌할 수 없는 천적이다. 까치 알이나 새끼는 표범에게 한입거리도 되지 않는다. 그런데도 표범은 까치 알을 좋아한다. 둥지를 보면 그냥 지나치지 않고 습격한다. 그래서 나무에 앉은 까치가 표범한테 마구 욕설을 퍼부어댄다.

"야 이 못된 놈아! 그렇게 잡아먹을 게 없어서 우리같이 힘없고

작호도, 국립민속박물관
거의 모든 작호도에는 까치가 호랑이를 비웃는 장면이 그려져 있는데, 이것은 호랑이가 까치에게 "이놈들, 까불지 마라!" 하고 뒷발질하는 장면이 해학적으로 그려져 있다.

작은 새들을 잡아먹니? 쪽팔린다, 쪽팔려, 이놈아! 이 좀생이 같은 놈아!"

그걸 보고 중국의 화가들이 까치와 표범의 그림을 그리기 시작했다. 힘이 센 표범이 약한 새를 잡아먹는 장면을 그리면서, 탐관오리들이 힘없는 백성들을 괴롭히는 것을 풍자하는 수단으로 삼았다.

사람이 쓰는 모든 물건에도 산왕신이 있었다

사람들은 정신적인 것뿐만 아니라 일상생활에서도 산왕신에게 의지했다. 그래서 거의 모든 물건에는 산왕이 새겨져 있다.

옛날 아이들은 새해가 되면 연을 만들어 날리면서 연싸움을 했다. 연과 연을 지탱하고 있는 줄을 엇갈리게 하여 잡아당기고 밀치면서 상대의 줄을 끊으면 이기는 것이다.

다른 연들을 이기고 챔피언이 된 연은 모든 아이들의 찬사를 받으면서 하늘에 닿도록 날아가

호랑이 연, 국립민속박물관
옛날에 아이들이 날리는 연은 높이 나는 것도 좋지만 연싸움에서 상대 연을 제압하는 것이 더 중요했다. 그래서 연을 만들 때도 호랑이 모양으로 만들어서 강력함을 과시했다.

호랑이 발톱 노리개, 국립민속박물관
호랑이 발톱으로 만든 노리개는 부잣집 여자들만이 소유할 수 있는 고가의 사치품이었다. 그것은 멋스러울 뿐만 아니라 나쁜 액운을 막아주는 부적 같은 역할도 했다.

는 영광을 누릴 수가 있었다. 마지막에는 그 연을 날려보내기 때문이다.

옛 사람들은 호랑이 연을 만들어서 날려보내면 수많은 복이 찾아온다고 생각했다.

여자들에게 가장 인기 있었던 물건은 노리개다. 노리개는 주로 여성들이 치마저고리에 다는 장식용 물건이다. 호랑이 발톱으로 만들어진 노리개는 아무나 함부로 가질 수 없는 고가품이었다. 호랑이 발톱 자체가 워낙 비쌌기 때문이다.

호랑이 발톱 노리개는 우선 보기가 좋다. 게다가 호랑이 발톱으로 만들었기 때문에 그것을 착용하고 다니면 산왕신이 보호해준다고 여겼다. 실은 부적이나 마찬가지였던 것이다.

호랑이는 상대를 공격할 때 가장 먼저 발톱으로 제압을 한다. 그러니 호랑이 발톱 하나를 몸에 지니고 있으면 그 자체로 얼마나 든든하겠는가? 어디 그뿐이랴. 그걸 가지고 다니면 질병이나 액운까지 막아준다고 생각했으니, 대단한 물건이 아닐 수 없다.

아이가 태어나서 돌이 되면 머리에 두건을 씌워주었는데, 이때도 역시 호랑이 두건을 썼다. 그래야 호랑이 신이 나쁜 병을 막아주어 아이가 무럭무럭 자란다고 생각한 것이다.

조선시대에 태어난 거의 모든 아이들, 특히 남자아이들은 돌잔

치 때 호건을 썼다. 그게 없으면 빌려서
라도 썼다.

그뿐만이 아니다. 음식을 담을
때 쓰는 도자기는 물론이요, 잠
을 잘 때 사용하는 이불이나 베
개, 옷이나 물건을 담아주는
각종 함을 비롯해 여자들이 쓰
는 거울에도 호랑이를 새겨넣
었다.

특히 베개에는 호랑이 그림
이 단골로 그려졌는데, 호랑이
가 나쁜 꿈을 막아주어 잠을 편
안하게 자게 해준다고 생각했기
때문이다. 옛날 사람들이 두려워
했던 세계가 바로 꿈속의 세상이
었다. 그건 지금도 마찬가지지
만, 옛날에는 훨씬 더했다.

호건, 국립민속박물관
요즘도 아기들에게 호건을 씌워주는 사람
들이 있다. 그만큼 산왕신이 어린아이를
지켜준다는 믿음이 우리의 머릿속에 깊숙
하게 뿌리내렸다는 뜻이다.

꿈이란 참 이상하다. 현실인 것 같으면서도 현실이 아니며, 그렇
다고 무시할 수도 없다. 그래서 옛날 사람들은 꿈이란 다른 세상이
고, 분명히 존재하는 것이라고 생각했다. 다만 그런 꿈속 세상은 잠
을 잘 때만 갈 수 있는 곳이었다. 그래서 더 답답하기도 하고 두려
웠다. 그럴 때 의지했던 것이 산왕이었다.

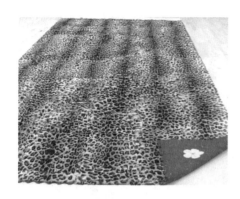

표피 양탄자, 국립중앙박물관
왕실에서 사용하던 수많은 호피 용품 중에서 거의 유일하게 남아 있는 표피 양탄자다. 뒷면에는 오얏꽃, 즉 자두꽃 문양이 새겨져 있다. 한자로는 '李'이고, 조선을 상징하는 꽃이다.

산왕이 나오는 꿈은 최고의 길몽이다. 호랑이는 건강과 용맹스러움의 상징이지만, 꿈에서 나오면 아들을 상징하고 출세한다는 뜻이 담겨져 있다. 그러니 여자들이 호랑이 꿈을 꾸면 아들을 낳고, 그 아들이 온갖 시련을 이겨내 크게 성공한다는 뜻이었다.

그러고 보면 호랑이는 인간이 태어나서 죽을 때까지 인간을 보호해주는 존재였다. 죽은 사람이 들어가는 관에도 산왕이 새겨져 있으니까. 고구려 고분에서 발견되는 백호 그림만 봐도 알 수 있다. 인간은 죽어서도 산왕신에게 의지하려고 했던 것이다. 그러니 호랑이가 없었다면 누구한테 의지하고 살았을까?

그래서 이 나라를 '호랑이 나라'라고 부른다. 비록 인간이라는 동물이 전쟁에서 각종 무기를 사용해 승리하긴 했지만, 삶 속에서는 호랑이에게 의지하면서 살아왔다. 그러니까 호랑이는 비록 삶에서는 인간에게 졌지만, 역사에서는 승리한 것이다. 호랑이는 인간의 모든 생활 속에 침투해 정신적인 지주가 되었다. 그래서 호랑이는 사라져도 영원하다는 말이 나왔는지도 모른다.

인간들은 '호랑이는 죽어 가죽을 남기고 인간은 죽어 이름을 남긴다'고 했지만, 한국에는 호랑이가 남긴 가죽은 거의 없고 그 이름만 남아 있다.

참고문헌

이사벨라 버드 비숍, 『한국과 그 이웃 나라들』, 이인화 옮김, 살림출판사, 1996.

Ford G. Barclay, "The Manchurian Tiger", 『The Big Game of Asia and North America(The Gun at Home and Abroad. vol. 4)』, The London & Countries Press Association Ltd, 1915.

Cornelius Osgood, 『THE KOREANS AND THEIR CULTURE』, Ronald Press Company, 1951.

국립고궁박물관, 『궁중서화』, 그라픽네트, 2013.

경기대학교박물관, 『한국민화도록 1, 2, 3번』, 경기대학교박물관, 2000.

고려대학교박물관, 『고려대학교박물관: 명품도록』, 그라픽네트, 2008.

야마모토 다다사부로, 『정호기』, 이은옥 옮김, 에이도스, 2014.

이희근, 『산척, 조선의 사냥꾼』, 따비, 2016.

김동진, 『조선의 생태환경사』, 푸른역사, 2017.

엔도 키미오, 『한국의 마지막 표범』, 이은옥 옮김, 이담북스, 2014.

엔도 키미오, 『한국 호랑이는 왜 사라졌는가』, 이은옥 옮김, 이담북스, 2009.

니콜라이 바이코프, 『백두산 호랑이 왕대』, 이항원 옮김, 대교출판, 1995.

니콜라이 바이코프, 『위대한 왕』, 김은빈 옮김, 지경사, 2012.

W. E. 그리피스, 『은자의 나라 한국』, 신복룡 옮김, 집문당, 2019.

박승규, 『재밌어서 끝까지 읽는 한중일 동물 오디세이』, 은행나무, 2020.

박수용, 『시베리아의 위대한 영혼』, 김영사, 2011.

위험한 호랑이 책

그 불편한 진실

ⓒ 이상권, 2021

초판 1쇄 인쇄일 | 2021년 7월 28일
초판 1쇄 발행일 | 2021년 8월 13일

지은이 | 이상권
펴낸이 | 사태희
편집인 | 최민혜
디자인 | 권수정
마케팅 | 장민영
제작인 | 이승욱 이대성

펴낸곳 | (주)특별한서재
출판등록 | 제2018-000085호
주 소 | 04037 서울시 마포구 양화로 59, 화승리버스텔 703호
전 화 | 02-3273-7878
팩 스 | 0505-832-0042
e-mail | specialbooks@naver.com
ISBN | 979-11-6703-026-9 (44080)
        979-11-88912-13-1 (세트)

※ 본문에서 인용한 백설희의 <봄날은 간다>는 'KOMCA 승인필' 했습니다.